Padres e hijos

JORGE BUCAY y DEMIÁN BUCAY

PADRES E HIJOS

Herramientas para cuidar un vínculo fundamental

RBA

Avda. Diagonal, 189 - 08018 Barcelona.
rbalibros.com

A.J. Carranza, 1852 - (C1414COV)
Buenos Aires - Argentina
Tel/Fax: (54-11) 4773-3228
www.delnuevoextremo.com / editorial@delnuevoextremo.com

Primera edición en esta colección: septiembre de 2016

REF.: RPRA316
ISBN: 978-84-9056-719-7
DEPÓSITO LEGAL: B. 14.645-2016

Impreso en España-*Printed in Spain*

AGRADECIMIENTOS

A Fabiana, primera lectora, correctora despiadada,
inestimable sostén,

a los pacientes que dieron permiso para que sus
historias fueran reproducidas en este libro,

A José Rehin, como siempre,

a Hugo Dvoskin, generoso con su saber y con su
reconocimiento,

a mis hijos, conejillos de indias de mis ideas sobre
la paternidad, destinatarios forzosos de mis ignorancias al respecto.

D. B.

A todos ellos,
a Claudia y su maravillosa familia.

J. B.

CONTENIDO

PREFACIO

Escribir un libro a cuatro manos no es tarea fácil. Implica encontrar acuerdos cuando estos son posibles y, cuando no, mantener los desacuerdos con respeto y firmeza a la vez.

Implica también encontrar un modo de trabajo que permita el fluir de lo que se va produciendo entre uno y otro, que vaya y venga y que, en ese ir y venir, se transforme.

Mientras trabajábamos en el libro, descubrimos con agrado que la tarea que habíamos emprendido reproducía y recorría exactamente los mismos caminos que eran necesarios para construir un vínculo (cualquier vínculo) entre dos personas.

Solo es posible decir que se ha formado un vínculo cuando, como resultado del encuentro entre tú y yo, emerge algo nuevo, un *nosotros* diferente de mí y de ti.

Como terapeutas que somos, sabemos que cuando el vínculo es sano, la presencia de ese *nosotros* nunca hace desaparecer a las personas individuales. Al contrario, preserva y potencia que siga habiendo un *yo* y que siga habiendo un *tú.*

En cualquier vínculo sano pueden entonces reconocerse esas tres instancias: *yo, tú* y *nosotros.* Y lo mismo sucede con este libro.

Encontrarás por ello, aquí, tres tipos de textos. Algunos escritos por la mano de Demián, cuando, por ejemplo, comparte sus experiencias en el entorno de su familia y las anécdotas de sus vivencias con sus propios hijos, junto a las reflexiones que estas experiencias le generan. Otros, consensuados y escritos a cuatro manos (en realidad a dos bocas), fruto de conversaciones, acuerdos y desacuerdos entre los dos, reunidos para planear y compartir las ideas que este libro contiene. Unas pocas, al fin, escritas solo por mí, con mis limitados comentarios, con las opiniones que supongo que no tendrían el consenso de mi hijo, y con la diferente perspectiva que me brindan los treinta años de diferencia que tenemos (vivencias que seguramente llegarán a ser también parte de su propia experiencia... ¡dentro de treinta años!).

Quizás en la lectura del libro comiences interesándote por saber quién dijo qué y por eso diferenciaremos los textos utilizando este tipo de letra cuando habla Demián, *utilizando este otro en cursiva* cuando lo hago yo y el general cuando hablamos los dos. Sin embargo, es nuestro deseo que, a lo largo de la lectura, deje de importarte identificar al autor y te quedes solo con tu experiencia personal de lo que lees, aprendiendo lo que te sirve y descartando el resto.

Dicen que alguna vez el más grande maestro de toda China, Lao Tsé, desapareció del templo donde vivía y donde hablaba diariamente para los miles de discípulos que se sentaban en los jardines esperando con avidez sus enseñanzas. Durante semanas los discípulos más antiguos lo buscaron por los alrededores y mandaron después emisarios a buscarlo por los confines de toda China. Ninguno de los esfuerzos por hallarlo tuvo frutos. Nadie sabía adónde había ido ni por qué. Nadie lo había visto.

Meses después, un hombre de negocios espera en un muelle el bote que lo cruzará al otro lado del caudaloso río Min en Sechuán. Está anocheciendo cuando el barquero acerca el rústico transporte a la costa y le tiende la mano para subir. El pasajero le paga su traslado con una moneda y se acomoda para el cruce que tardará un par de horas. El anciano barquero toma el dinero, lo guarda en su bolsa y, agradeciendo con un gesto, suelta la amarra.

El río está sereno y el cielo muestra una luna enorme y luminosa que invita al diálogo..., quizás por eso el viajero comienza a compartir sus preocupaciones respecto de su familia, sus hijos adolescentes, sus negocios; el barquero escucha su relato y entremezcla comentarios tan sensatos y sabios que sorprenden al pasajero.

Cuando llegan a puerto, antes de bajar, el hombre le alcanza al barquero una moneda extra por sus consejos y este la acepta con humildad. Es en ese momento cuando por primera vez el pasajero ve la cara de quien lo ha traído y lo reconoce.

—¡Tú! —le dice—. Tú eres Lao Tsé... ¿Qué haces aquí? Media China te está buscando. Tus alumnos se desesperan y nadie se resigna a perder tus magistrales clases de cada día.

—Por razones que nada tienen que ver con mi deseo, me he vuelto demasiado conocido —dice Lao Tsé—, miles de personas viajan desde lejos a escucharme, a preguntarme, a buscar ayuda, y la fama de hombre sabio e iluminado que se ha ido gestando hace que la verdad que eventualmente pueda salir de mi boca resulte menos importante que el hecho de que sea yo quien lo dijo.

El pasajero no termina de entender el sentido de su partida y lo increpa:

—Pero, maestro, no podemos prescindir de ti y de tu sabiduría. Somos muchos los que necesitamos de tus palabras, de tu luz, de tus consejos.

Lao Tsé sonríe y dice:

—Yo sigo diciendo las mismas cosas que decía en el templo, y creo que a quien me escucha le produce el mismo resultado, solo que ahora, afortunadamente, cuando alguien regresa a su casa y cuenta lo que aprendió, en lugar de decir con fastuosidad que se lo escuchó decir a Lao Tsé, solo dice: «... Me lo contó un barquero».

J. B.

1

¿QUÉ ES SER PADRES?

ESENCIAL VERSUS ACCESORIO

Si vamos a hablar, a lo largo de todo este libro, de la relación entre padres e hijos, sería importante definir de qué se trata ese vínculo. ¿En qué consiste ser padres? ¿Qué es lo esencial de ese rol? ¿Qué es lo que hace que podamos decir de alguien: «es padre» o «es madre», y de otro alguien, que no lo es?

Para definir qué es lo esencial de algo es necesario distinguir lo constituyente (es decir, lo que hace ser justamente lo que es) de lo accesorio (aquello que podría estar presente o no).

Ilustraré mejor esta idea con un ejemplo que, para ser coherente con el tema del que nos ocuparemos, tiene como protagonista a mi hijo menor.

El niño, un pequeño querubín de rizos dorados (¡una apreciación absolutamente objetiva, por supuesto!), aprendió, mucho antes de hablar, a tomar el teléfono móvil, llevárselo a la oreja y decir, como si respondiese una llamada: «¿Ah?».

Al comienzo, sin embargo, tomaba de igual modo el control remoto de la televisión y realizaba la misma mímica. Se entiende: un objeto negro, rectangular, más o menos del tamaño de una palma de la mano, lleno de botones con números en ellos... Por supuesto, pronto entendió por sí solo que el control remoto era otra cosa y comenzó a apuntarlo hacia la televisión en lugar de llevárselo a la oreja. Pero lo más sorprendente fue que, por ese tiempo, le regalaron un teléfono de juguete de Spiderman: este telefonito es rojo, más pequeño que uno verdadero y tiene tapa (en mi casa nadie usa ya teléfono móvil con tapa); sin embargo, tan pronto como se lo entregaron, lo abrió, apretó los botones numerados que hicieron sonar una especie de timbre y una voz, se lo llevó a la oreja y dijo con entonación perfecta: «¿Ah?». ¿Cómo supo el crío que eso era un teléfono? Evidentemente comprendió que ni ser negro, ni tener el tamaño de una palma, ni tener botones numerados, ni ser exactamente rectangular convertía a algo en un teléfono, pero el que sonara con un timbre y de allí saliera una voz, sí. Es decir: distinguió lo esencial de lo accesorio. Y estuvo en lo cierto: yo he visto teléfonos en forma de balones de fútbol y los teléfonos con pantalla táctil no tienen botones, pero todos ellos suenan y «hablan»... porque en eso consiste, precisamente, la «telefoneidad». Allí radica su esencia; lo demás —aunque frecuente— es accesorio. Dicho de otro modo: si no puedes hacer «ring» y no es posible hablar a través de ti, lo siento, pero teléfono, lo que se dice teléfono, no eres.

¿Qué es, entonces, lo esencial de ser padres? ¿Qué es lo que nos convierte precisamente en eso? Para intentar responder a nuestra pregunta, utilizaremos, de algún modo, el mismo modo «comparativo» que utilizó el niño del relato para saber qué es y qué no es un teléfono, aunque lo parezca.

En 2010 se estrenó una película llamada *Los chicos están bien*, en la que aparecen, como diseñados para nuestro punto, un personaje que parece un padre, pero no lo es, y otro que no lo parece y sin embargo ocupa ese lugar. La historia se centra alrededor de una familia constituida por la pareja de Nic y Jules, dos mujeres que se han casado, y que tienen dos hijos, Joni (una mujercita de dieciocho) y Lazer (un muchacho de quince). Los chicos, según nos enteramos desde el inicio, fueron concebidos en sendas fecundaciones asistidas para las que se utilizó (en ambas ocasiones) esperma de un mismo donante (cosas de las tramas del cine).

Lazer, que está atravesando ese momento de la adolescencia en que todos nos sentimos un tanto perdidos tratando de descubrir quiénes somos, convence a su hermana Joni para que haga lo que a él no le está permitido por su edad, llamar a la agencia de fecundación e intentar contactar con el padre biológico de ambos. Joni, escudándose en una especie de «lo hago por ti», finalmente accede.

Paul, el donante de esperma, es un hombre un tanto «inmaduro» que conduce una motocicleta y dirige un improvisado local de comida orgánica. En su vida afectiva, pasa de una relación ocasional a otra, sin comprometerse nunca demasiado. Sin embargo, la llamada de Joni le genera curiosidad y decide encontrarse con ellos.

El contacto tiene resultados diferentes para cada uno de los hermanos, pero sorprendentes para ambos. Mientras Lazer, que tenía más expectativas, no consigue encontrar puntos en común con su padre biológico, Joni se siente de algún modo cautivada por la personalidad «liberal» de Paul. Jules y Nic se enteran del encuentro de sus hijos con su padre biológico y deciden conocer también a Paul.

Al principio, todos se confunden. Lazer cree que puede encontrar en Paul ese lado viril que supone que le falta, Joni canaliza a través de él los deseos de explorar un mundo más allá del de sus madres, Nic siente amenazada su figura de autoridad y el mismo Paul cree que ha llegado la oportunidad de finalmente sentar cabeza.

Sin embargo, Paul acaba por decepcionar a todos (incluso a él mismo) y queda claro que, si no ha estado a la altura de las circunstancias, es por la precisa razón de que él no es el padre de los niños (por más genes que comparta).

Una aguda conversación entre Lazer y él nos anticipa esta comprobación:

—¿Puedo hacerte una pregunta? —le dice Lazer.

—Claro —dice Paul.

—¿Por qué donaste esperma?

La pregunta es poderosa. Podemos imaginar que la ha tenido atragantada desde hace tiempo y que es precisamente para hacer esta pregunta que ha buscado a su padre biológico. Paul intenta salir con una broma:

—Me pareció más divertido que donar sangre —dice.

Pero Lazer no ríe, quiere una verdadera respuesta.

—Me gustaba la idea de poder ayudar a otros —dice Paul—, gente que quería tener hijos y no podía...

Es un buen intento, pero Lazer no está convencido, y pregunta:

—¿Cuánto te pagaron?

—¿Por qué quieres saber eso? —pregunta Paul.

—Solo por curiosidad —dice Lazer.

Adivinamos, sin embargo, que no es solo curiosidad. Lazer, como buen adolescente, está preguntando: «¿Cuánto valgo?».

—Me pagaron sesenta dólares por vez —dice Paul.

—¡¿Nada más?!

—Bueno —se excusa Paul—, era mucho dinero para mí en aquel momento. Con la inflación serían como noventa dólares de ahora...

Pero, claro, la respuesta de Paul no es satisfactoria. Lazer busca en la biología la respuesta a cientos de preguntas que los genes no pueden contestar, solo el corazón podría. Joni también encontrará un mensaje para Paul en la despedida. No es una pregunta ni un reclamo, es la expresión de algo contenido. La joven le dirá:

—Me hubiera gustado que fueras... ¡MEJOR!

Mejor...

¿Mejor qué?

Seguramente: ¡¡Mejor Padre!!

Una expectativa que Paul no puede cumplir. Y no porque sea una mala persona. Más bien parece alguien a quien se lo convoca a una función que no ha elegido y para la cual no tiene preparación alguna. La circunstancia lo toma, de buenas a primeras, lo lanza al ruedo y le dice: «Vamos, sé padre». Nadie en su sano juicio podría esperar, en la vida real, otra cosa que no fuera un fracaso estrepitoso.

Llegamos aquí a una primera conclusión:

El hecho de que los hijos compartan información genética de los padres, o dicho de otra manera, que sean «de la misma sangre», es un hecho importante, sin duda, en lo que hace a la paternidad o maternidad (existen pruebas de porcentajes de ADN compartido que se usan para demostrar este hecho jurídicamente). Pero, atención, importante no significa indispensable ni suficiente. Es decir, el lazo biológico no nos convierte en madres o padres y, agregamos ahora, la ausencia de ese lazo no nos impide serlo.

Si no está en lo cromosómico, ¿dónde está la esencia del ser padres?

Volvamos al filme y preguntémonos, aunque sea como un mero ejercicio intelectual: ¿quién es el padre de los niños?

La primera respuesta, que el padre es Paul ya que aportó la mitad de la información genética que los constituye, la hemos descartado, pues hemos sostenido que esa condición no alcanza a ser determinante.

Una segunda respuesta sería decir que esos niños, simplemente, no tienen padre. Pero la película contradice esta respuesta desde el título, Los chicos están bien. ¿Es que no es cierto, acaso, que para el buen desarrollo psíquico de los niños es necesario que tengan una figura materna así como una paterna? ¿Sugiere esta película que los chicos pueden «estar bien» aun si no han tenido padre alguno? Estoy seguro de que no. Quienes hayan visto la película o quienes la vean después de leer esto, reconocerán fácilmente a quien ocupa en lo cotidiano el lugar del padre: es Nic, una de sus madres. Ella es la que se va todos los días a trabajar, es la proveedora económica de la familia, la que más dura es con los niños en cuanto a la puesta de límites, la que intenta impartir los valores morales de la familia, la que se sienta a la cabecera de la mesa..., en fin, la que asume y ejerce con vehemencia y amor el rol de un padre (bastante «clásico» y arquetípico, es verdad, pero padre al fin). La hipótesis de la película no es que es posible «estar bien» sin haber tenido padre, sino que cuestiona el hecho de que para serlo sea esencial ser hombre. Nic cumple la función paterna y, en ese sentido, podríamos decir que es padre, aunque sea mujer. Lo mismo valdría, por supuesto, para el ser madre: ser mujer no es una condición esencial de la maternidad por frecuente que esta sea. Un hombre puede muy bien cumplir, dado el caso, la función materna para determinado niño.

PADRE SE HACE

Creemos que pensar de esta manera nos revela que el arte de ser padre o madre tiene más que ver con cumplir adecuadamente una función, que con ninguna otra cosa. Ser padres es algo en lo que solo podemos convertirnos si actuamos, pensamos y sentimos como tales. Haber parido un hijo no es, pues, suficiente para considerarnos padres y por ello tampoco lo es para que esos hijos nos reconozcan como tales.

En lo personal siempre dije que ser padre o ser madre habla por lo menos de tres cosas: una definida por lo social, una definida por lo afectivo y una definida por la conducta. El estatus de padre, el amor de padre y la función de padre. Tres cosas que no son eternas (como so-

lemos creer) y no solo eso, sino que además, en general, no empiezan ni terminan en el mismo momento.

Recuerdo ahora las historias de Tarzán, de Edgar R. Burroughs, la de Mowgli, el niño de El libro de la selva, *de Rudyard Kipling, y las de muchos otros personajes similares que, habiendo quedado huérfanos por la muerte de sus padres, son adoptados por una madre animal o una manada de animales que los cuida, alimenta y protege, pero que también los educa. No son niñeras salvajes, son verdaderos padres y madres sustitutos para el indefenso niño o niña en cuestión.*

Yo no conozco personas que hayan sido criadas por monos o lobos, pero no es tan infrecuente encontrar a alguien para quien la función de madre o padre la ha cumplido alguien por completo ajeno a la familia o, incluso, alguna institución. Conocí a un hombre cuya madre biológica no había podido ocuparse de él y lo había dejado al cuidado de una tía que ya tenía una buena cantidad de niños a su cargo y que tampoco pudo acogerlo como a un hijo. Según él mismo lo contó en su terapia personal, desde muy pequeño había asistido a diario al club de fútbol que quedaba a pocas manzanas de su casa, pasando allí la mayor parte de su tiempo, convirtiéndose en un hábito el que se quedara a comer con los empleados y que hablara durante horas con los distintos habituales del club. No tengo duda alguna de que el adulto que llegó a ser tenía por ese club un sentimiento de lealtad y agradecimiento muy similar al que otros sienten por su madre... Un sentimiento no tan difícil de comprender si se lee su historia, pero imposible de compartir si se ve este vínculo desde afuera. De hecho, el hombre venía a la consulta, entre otras cosas, porque pasaba gran parte de su día discutiendo con su esposa que tenía celos de toda la atención y el tiempo que él le dedicaba a la institución de sus amores (y sí... ¡es natural que tarde o temprano uno termine peleando con la suegra!).

Podríamos resumir todo lo que hemos dicho hasta aquí diciendo simplemente que tus padres son las personas que te han criado, pero eso no sería del todo exacto, o por lo menos seguiría siendo incompleto. Nos faltaría agregar la decisión consciente y voluntaria de hacerse cargo de los hijos.

Solo por dejarlo claro, a nuestro entender, tu padre y tu madre no son solo los que te han alimentado, abrigado, protegido, cobijado y educado, sino también, y sobre todo, los que han tomado la decisión de hacerlo: «Este es mi hijo, esta es mi hija, y me haré cargo de ellos, con todo lo que eso implica». Y vale la pena hacer notar aquí que esta operación, este acto deliberado y voluntario de adopción, es necesaria, especialmente, si el hijo es biológico.

Es imprescindible, si uno pretende ser un padre auténtico o una verdadera madre, adoptar a los propios hijos.

Aunque sea antipático decirlo, aunque vaya en contra de todo lo aprendido y enseñado por la mayoría, creemos firmemente que TODOS somos hijos adoptados. Sostenemos aquí que, indefectiblemente, ha habido un momento en nuestra historia compartida en el que nuestra madre y nuestro padre, cada uno por separado y probablemente no en el mismo momento, han decidido aceptarnos como suyos, como una prolongación de sí mismos, como parte de sí, como carne de su carne. Lo que decididamente es más difícil de digerir es que, para nosotros, esta decisión no es «natural», no se produce por sí sola, ni sucede de forma automática como consecuencia obligada de habernos concebido, parido o anotado como hijos.

Para la mayoría de las mujeres, esta «adopción» se da en el transcurso del embarazo y cuando, después de nacer, el niño llega a sus brazos, su madre ya ha tenido tiempo de hacerlo propio. Para el hombre (y nuevamente hablamos solo de la mayoría y nunca de todos), el proceso es un poco más difícil, quizás porque no tiene la intensidad y la calidad de contacto con el bebé que da la gestación. Dentro de la panza de su madre, el hombre no lo siente como ella, no lo escucha como ella, no está en contacto con el bebé, 24 × 7 durante 40 semanas de embarazo. Para el «padre», por bastante tiempo, el hijo es solo una idea que madura lentamente y el nacimiento no cambia esta sensación. Recordemos que en los primeros meses de vida del bebé, el padre es apenas un bulto que se acerca a veces con la madre. El recién llegado solo tiene ojos, manos y sonrisa para su madre, la que lo amamanta, la que pasa más tiempo con él y la única que le ofrece olores o sabores que le son familiares. Así, el varón tiende a quedar (o a ser) un poco excluido de la relación con el niño (o a excluirse de ella), tanto por las cuestiones biológicas como por los hábitos culturales.

Si bien, hoy por hoy, el papá suele buscar activamente involucrarse en esta etapa, como si quisiera de forma intuitiva favorecer el proceso de «adopción», la mayor responsabilidad de que esto suceda recae primordialmente en la madre. Es ella quien debe hacer espacio y quien sabe cómo hacerlo. Retirarse un poco y ceder algo de protagonismo permite que el vínculo entre el padre y el hijo se fortalezca.

Cuando nació mi primer hijo, el niño tuvo que estar algo así como una hora en la sala de neonatología porque, al haber nacido tres semanas antes de la fecha esperada (mi esposa tuvo una crisis hipertensiva), sus pulmones necesitaban un poco de tiempo y oxígeno para comenzar a funcionar adecuadamente. En cuanto nació, una enfermera me dijo que la acompañara mientras llevaba al niño a la sala de neonatología y me instruyó:

—Usted se queda aquí y le sostiene la mano al pequeño hasta que se recupere.

Y yo obedecí, más porque no tenía idea de qué otra cosa podía hacer que porque pensara que eso era lo correcto. Estaba allí, solo con ese bebé, con su pequeña manita aferrada a uno solo de mis dedos, y yo lo miraba y me decía: «¡Carajo! Este es mi hijo...», y volvía a mirarlo y me sorprendía darme cuenta de que no lo conocía: «¿Quién es este fulano?». No sentía la oleada de amor que suponía que tenía que arrasarme. Confieso que lo que de verdad yo quería era ver cómo estaba mi esposa, que acababa de salir de la cesárea después de la intervención de urgencia; tanto, que osé preguntarle a una de las enfermeras:

—¿Puedo salir un minuto a ver a mi esposa?

—No. Ella está bien —me dijo con tono severo—. Usted se queda ahí.

—Pero... —comencé a decir, pero la mirada reprobatoria de la enfermera bastó para que comprendiera que estaba pidiendo algo que ni era posible, ni era moralmente aceptable.

Después de estar allí durante una hora, que me parecieron diez, sosteniendo la mano del niño que era cada vez más mi hijo, entró el neonatólogo y lo auscultó. Me sonrió y me dijo que la respiración se había normalizado y que podía reunirme con mi esposa. Cuando dejé al niño en brazos de la enfermera y me dispuse a salir del cuarto, sentí de pronto una emoción profunda y la certeza inequívoca de que el que estaba allí era, ahora sí, mi hijo (con todo lo que eso implicaba).

No son pocos los hombres que, en este primer momento, se reprochan con una pesada culpa el no sentir hacia sus hijos el amor arrasador que, supuestamente, deberían sentir, el que todos los demás les dicen que deberían estar sintiendo, el que sus propios padres les han contado que sintieron el día en que ellos nacieron.

Me salgo de cuadro y de tema.

Recuerdo una vieja historia que me dicen que fue real, y que aunque no tiene que ver con los padres y los hijos, quizás nos ayude, con el humor, a comprender cómo suceden algunas cosas.

El hombre entró apoyándose en su bastón al consultorio del médico.

—Doctor —le dijo mientras se sentaba frente al profesional—, quisiera que me ayude, creo que tengo un serio problema...

—Bueno, tranquilícese, amigo..., cuénteme de qué se trata...

—Mire, doctor, yo vivo frente al parque, aquí a dos calles... y todos los viernes nos reunimos con los amigos del barrio en el bar de la esquina. Y allí, en cada reunión, todos cuentan sus aventuras, sobre todo las sexuales.

—¿Y qué le preocupa?

—Serafín, que tiene ochenta y cinco, es viudo, y nos contó que tiene una novia de cuarenta y nueve que lo tiene loco. Ella quiere hacer el amor todo el tiempo. Y él no quiere perderla, así que no tiene más remedio que satisfacerla cada vez que ella lo reclama y termina haciendo el amor a diario y a veces dos veces en un día... El viejo Berto, el mayor de todos, que nunca se casó, contó que sale con la señora de la limpieza del Hotel de la Avenida, con la hija del tendero y con una antigua novia que tiene... y que con todas hace el amor cada vez que se ven... Y hasta mi compañero de escuela, Juancito, que tiene ochenta y ocho como yo, cada vez que habla de su sexualidad actual nos deja a todos boquiabiertos por la frecuencia y por la intensidad...

—¿Y? —pregunta el doctor, sin terminar de comprender el punto.

—Es que yo, que vivo con mi esposa desde hace cincuenta y dos años, que la quiero y que todavía me atrae, tengo sexo con ella, digamos hoy, y lo disfrutamos mucho, los dos, pero la verdad es que después, durante una semana o diez días ni me aparece la fantasía de volver a hacerlo. Así que escucho lo que cuentan mis amigos y me da casi vergüenza mi pobre desempeño en la cama. ¿Qué tengo que hacer, doctor?

—Es fácil, amigo mío... ¡¡¡¡Mienta usted también!!!!

Pero no se trata de alimentar la mentira que todos sostienen para seguir engordando el mito de la llamada de la sangre. Si comprendiésemos que ese tiempo que lleva el proceso de apropiación es normal y saludable, esa conciencia nos traería el alivio que nos permitiría crear el lazo con nuestros hijos del mejor modo.

A veces, como en el ejemplo del bebé recién nacido, un solo suceso marca la diferencia, pero otras veces (las más) lleva un poco más de tiempo, incluso algunos meses. Sin embargo, si no desesperamos ni forzamos el sentimiento que aún no está, si lo dejamos venir sin resistencias, la relación solita se va fortaleciendo en función del tiempo compartido, consolidándose cada vez más hasta llegar a ser el vínculo único e indisoluble, que caracteriza la relación padre-hijo.

No debería sorprendernos este planteamiento. Recordemos juntos el primer encuentro entre el zorro de Antoine de Saint-Exupéry y el Principito, que podría resumirse así...

Cuando se encontraron por primera vez, el Principito invitó al zorro a jugar, pero este le respondió que no podía jugar con él porque no estaba domesticado.

—¿Y qué quiere decir domesticar? —preguntó el Principito.

—¡Ah! Es algo muy olvidado —dijo el zorro—. Significa: crear lazos. No eres para mí más que un muchachito semejante a cien mil otros muchachitos, no soy para ti más que un zorro semejante a cien mil otros zorros, pero si me domesticas serás para mí único en el mundo, seré para ti único en el mundo. Si quieres que podamos jugar juntos, domestícame.

—¿Y qué debo hacer para domesticarte? —preguntó el Principito.

—Es muy sencillo —dijo el zorro—, yo me sentaré en este banco. Tú vendrás mañana y te sentarás en la otra punta, me mirarás sonriendo y te miraré con recelo. Pasado mañana vendrás también y te sentarás un poco más cerca, seguirás sonriendo y quizás yo también sonreiré. El tercer día, te acercarás todavía un poco más. Y así día tras día, vendrás y te aproximarás solo un poco. Cuando estés sentado justo, justo a mi lado, estaré domesticado y seremos amigos.

Se trata entonces de domesticar y de dejarnos domesticar por nuestros hijos, es decir, de crear allí un lazo entre nosotros, que nos deje saber que ellos son para nosotros únicos en el mundo y que nosotros lo somos para ellos. Es eso, más que ningún vínculo genético o sanguíneo, lo que nos convierte en padres.

UNA CUESTIÓN DE DECISIÓN

La ficción y la clínica insisten en plantear con demasiada frecuencia una situación supuestamente muy problemática que, a nuestro entender y en función de todo lo dicho, no debería ser tan complicada. La escena de la que hablamos es la siguiente: el padre, después de muchos años de convivir con su mujer y de haber criado a su único hijo, se entera de «la verdad»: el niño no es suyo. Se entiende que este hombre podría tener alguna reclamación para hacerle a la madre del niño si es que fue ella quien le mintió o le ocultó el origen de aquel embarazo, pero respecto del hijo nada cambia: él es y seguirá siendo el padre, porque es quien lo ha criado y quien ha decidido serlo. Es más, si ahora no quisiera serlo, por orgullo o para que «ella no se salga con la suya», esa opción no sería viable; no puede deshacer el lazo que se ha creado, y si, movido por cualquiera de estas mezquinas razones, abandona el vínculo, sin excepciones, sufrirá y mucho. Sabemos que si una mujer o un hombre pueden abandonar a un hijo sin sufrir por ello, deberemos pensar en una fuerte patología o en que nunca fueron madre o padre de ese niño.

Vale recordar aquí el famoso juicio del rey Salomón que se narra en el Antiguo Testamento, en el primer libro de los Reyes. Salomón fue hijo del rey David y, a su turno, rey de Israel. Se decía que era el hombre más sabio que había vivido y, por ello, cuando una disputa o enfrentamiento surgía entre su gente, todos acudían presurosos a él, confiando en que sus palabras traerían de vuelta la calma. Sucedió una vez que dos madres dieron a luz sendos niños, pero uno de ellos vivió mientras que el otro murió al nacer. Ambas mujeres clamaban ser la madre del niño vivo y así llegaron frente al rey Salomón.

El sabio rey las escuchó y viendo que cada una de ellas insistía en sus proclamas, dijo:

—¡Basta de gritos y de llantos! Traedme una espada, ya que las dos parecen tener la misma razón, partiremos al niño por la mitad y le daremos medio niño a cada una.

—Pues que así sea —dijo la primera mujer—, pero ella no tendrá a mi niño.

—¡No! —gritó la segunda—. ¡Deteneos! No le hagáis daño. Dádselo a ella.

Entonces Salomón miró con benevolencia a la segunda mujer, y señalándola dijo a la guardia:

—Entregadle el niño a esta mujer: ella es la madre.

Clásicamente se piensa que Salomón utilizó aquí una especie de artilugio para «descubrir» quién era la verdadera madre y quién, la impostora. Sin embargo, prefiero pensar que lo que mueve a Salomón no es un instinto detectivesco, sino una profunda sabiduría (de hecho, se dice de Salomón que era sabio, no que era astuto...). Es decir, no se trata de prever que la verdadera madre preferiría perder al niño antes que dañarlo, sino de comprender que la que prefiera perderlo (cualquiera de las dos que fuere), esa es la madre y lo es precisamente por eso. Es decir, esa mujer se convierte en madre cuando toma la decisión de entregarlo antes que condenarlo y la otra renuncia a su maternidad cuando lo prefiere muerto antes que de otra. Por lo que a mí respecta, la madre biológica podría ser la que está de acuerdo con que lo partan por la mitad, en ese sentido el juicio de Salomón no ha descubierto necesariamente la «verdad», pero de seguro ha encontrado a la mujer que quiere mejor al niño. Eso es lo que la convierte en su verdadera madre.

Dicen que en un pequeño pueblecito cercano a Helem, se presentaron ante el alcalde del pueblo (a la vez comisario y juez) dos mujeres que decían ser la madre de un niño que había aparecido abandonado junto al río.

El hombre no era demasiado listo, pero había leído en la Biblia la historia de Salomón y se dispuso a emular al sabio de entre los sabios.

—Basta de discusiones —dijo.

Y como no tenía sable ni milicia, mandó a buscar al carnicero, único capaz de llevar a cabo la orden que pronto impartiría.

Cuando el hombre llegó, le ordenó sin premisas:

—Corta a este niño por la mitad y dale medio niño a cada una de estas mujeres.

Las dos mujeres se miraron aleladas y el pueblo entero enmudeció. Solo el carnicero, consciente de lo que se le pedía, protestó:

—Eso es una locura... ¿Cómo voy a cortar al niño por la mitad? ¿Estás loco? ¡No voy a hacer semejante cosa!

El alcalde sonrió satisfecho. Se puso de pie y anunció majestuosamente:

—¡Caso resuelto!... ¡¡¡El carnicero es la madre!!!

Bromas aparte, podemos concluir, a modo de síntesis, diciendo que la maternidad y la paternidad son condiciones que se fundan (como se funda una ciudad) con una decisión, que se ejercen y que se confirman en ese ejercicio; no son rangos ni medallas que se portan pasivamente en las mangas o en el pecho de uniformes encontrados por accidente.

2

AMOR INCONDICIONAL

LO MEJOR Y LO PEOR

Únicamente cuando nos ocurre a nosotros mismos, podemos comprender la exactitud de aquello que nos repetían los que ya habían pasado por allí, respecto de que la paternidad (en sentido amplio, es decir, para padres y madres) es una experiencia difícilmente transmisible.

Nos damos cuenta en ese preciso momento de la verdad indiscutible de algunas frases un tanto ambiguas que nos lo anticipaban:

Tu primer hijo te cambia la vida.

Una sentencia que cada madre y cada padre primerizos confirmarán desde el mero instante del nacimiento del niño. Entendemos, adivinamos, percibimos, aun antes de «adoptar» a nuestro hijo (como decíamos en el capítulo anterior) que la vida ya nunca será igual, que algo radical se ha modificado.

Un buen amigo, padre de cuatro hijos, lo dice de otra manera, casi siempre acertada y bastante más inquietante:

Ser padre es lo mejor que puede pasarte en la vida...
y lo peor.

Lo mejor, por todo lo que ya sabemos: la sensación de plenitud de solo verlos y tocarlos, la alegría de escucharlos reír, la emoción de acompañarlos en sus descubrimientos, el infinito placer de verlos convertirse en personas únicas.

Lo peor, por la contracara de esas mismas cosas: el dolor de verlos sufrir, la angustia de no saber cómo ayudarlos, el miedo insondable de que algo terrible les suceda.

Mi hijo mayor había conseguido finalmente que le compráramos un ciclomotor, un híbrido entre bicicleta y moto de muy poca cilindrada y ninguna velocidad. Yo estaba seguro de que él sabía cómo cuidarse y no me despertaba ninguna inquietud que usara su pequeño vehículo para desplazarse por el barrio. Ese 14 de diciembre, yo estaba solo en casa cuando sonó el teléfono.

—¿Jorge? —preguntó la voz.

—Sí, ¿quién habla?

—Soy D..., el amigo de su hijo. Ha sufrido un accidente. Lo han llevado al hospital...

—¿Un accidente?

—Con el ciclomotor. Chocó con un camión.

—Pero cómo está. ¡¿Está bien?!

Se hizo un silencio horroroso y luego el pobre me dijo, como pudo:

—Mejor que vaya usted al hospital...

Han pasado muchos años y todo terminó en solo un mal recuerdo, pero ahora mismo que escribo esto, no dejo de temblar y siento el dolor en el pecho. El mismo que sentía mientras gritaba como un loco y conducía mi coche camino al hospital, cuando dejaba el coche tirado en la entrada de urgencias y mientras empujaba al policía que pretendía hacerme esperar a que el médico me informara. Cuando lo vi, sentado en la camilla, con un pequeño corte en la frente y una herida en la rodilla, sentí cómo mi alma volvía a mí y mientras los dos llorábamos del susto, yo decía en voz alta, para él y para mí:

—Tranquilo, está todo bien, ya pasó... Gracias a Dios ya pasó.

Nunca, nunca, ni antes, ni después, recuerdo haber sentido tan intensamente el Miedo.

Como decía nuestro amigo:

lo mejor y lo peor que puede pasarte en la vida...

Y esta «frasecita», que no sabemos pero intuimos, que escuchamos y no deja de resonarnos en las tripas, nos trae al escenario una pregunta: ¿qué razones tenemos para desear tener hijos?

¿POR QUÉ TENER HIJOS?

Si no he sido padre antes y, además, nadie puede contarme con exactitud de qué se trata..., si se me promete una gran carga de responsabilidad (representada desde el principio por la certeza de que durante mucho tiempo me volveré absolutamente responsable de un ser vivo, indefenso y vulnerable)..., si se me ofrece como único consuelo el placer de la propia experiencia (que, como dijimos, es intransmisible)..., ¿cómo puedo querer algo que no sé ni lo que es y que tiene «prensa» tan ambivalente?

Se abren aquí varias hipótesis de respuesta, tres de ellas casi obvias:

la de la fuerza del instinto;
la del mandato social;
y la del deseo de trascendencia.

El instinto

La primera podría enunciarse diciendo que aquello que moviliza visceralmente el deseo de ser padres es el instinto gregario de conservación de la especie: el instinto maternal (según dice la gente) o el instinto paterno (que parece menos aceptado por científicos y legos). El deseo aparece aquí como expresión de un código genético, una extensión del instinto de conservación individual, una programación que me incluye como miembro de una especie. Esto explicaría por sí mismo que yo lo quiera, sin saber por qué lo quiero y en contra de todas las dificultades. Una especie de deseo que transita por debajo de lo consciente o voluntario.

Muchas voces cuestionan esta razón. Dicen, por ejemplo, que, si fuese cierta, el deseo de maternidad o paternidad debería hacerse presente tan pronto como las condiciones biológicas para ser madre o padre estén dadas; y, por supuesto, esto no sucede así.

Nos parece bastante evidente que, entre los humanos contemporáneos, este instinto (como otros) ha sido sometido a la tiranía de la razón y pasado por el tamiz de los sentimientos. Pues aunque admitamos que todos (o casi todos) los adolescentes estarían dispuestos a hacer conscientes sus deseos sexuales y su voluntad de satisfacerlos, seguramente muy pocos de ellos tendrían el deseo de ser madres o padres. En nuestros tiempos, los deseos de tener relaciones sexuales están cada vez más desligados de la intención de concebir un hijo; no solo porque las relaciones sexuales que se tienen con el objeto de engendrar son las menos, sino también porque, hoy en día, son cada vez más los hijos que se tienen sin que haya habido relación sexual previa por parte de los padres (sea porque han sido adoptados o bien porque ha mediado algún tipo de fecundación artificial). Esta situación novedosa que quizás dé mucho que hablar en un futuro cercano, es ya hoy una evidencia en contra de la teoría instintiva y, por otro lado, un punto problemático a la hora de la prevención del embarazo no deseado, puesto que lleva a que la perspectiva de ese resultado posible esté más distante en la mente de los jóvenes a la hora del encuentro sexual. Retomando, entendemos que en el tema de la paternidad, el instinto ha quedado separado del deseo (si no totalmente, por lo menos en gran medida); y que lo que queda de instintivo en los humanos a este respecto, no es en modo alguno suficiente para aterrizarnos en la aventura de ser padres y madres de una criatura.

Pensemos pues en la segunda hipótesis.

El mandato social

Si el deseo de tener hijos no se presenta apenas estamos biológicamente listos para concebir, sino más bien en una etapa de la vida definida culturalmente, deberíamos aceptar que la presión social ejerce, sin duda, un rol importante si no determinante en nuestra motivación para tener hijos. Y si bien este hecho cambia según la época y la sociedad (para las mujeres de Occidente ese mandato social comenzaba a sentirse alrededor de los veinte hace una década, rondando los diecisiete hace cincuenta años y muy pasados los veinticinco en la actualidad), es más o menos el mismo para todos en un determinado lugar y tiempo. Una edad en la que notamos irremediablemente que todos a nuestro alrededor comienzan a adentrarse en esa etapa y nos encontramos pensando que quizás nosotros también debiéramos considerarlo...

Este mandato social parece instaurar la idea de que hemos fracasado en nuestra vida si no tenemos hijos y que eso debe encararse a determinada edad, porque después es tarde. Ideas absurdas ligadas a la concepción de una vida que difícilmente se prolongaba después de los cincuenta años y una tecnología médica, que calificaba obstétricamente a las madres primerizas de «demasiado mayores» ¡¡¡a partir de los veinticinco años!!! (hoy en día esa etiqueta, si alguien se animara a colgarla, se reservaría para una mujer que afronta su primer embarazo bastante después de los cuarenta).

Hilvanando ideas, podemos decir que si bien, como dijimos, el instinto de conservación de la especie no determina la decisión individual de buscar un embarazo, seguramente tiene mucho que ver con la creación de este mandato social respecto de la «necesidad» de hacerlo.

Sin menospreciar el peso de este condicionamiento social, el fantasma de que una vida sin hijos equivale a una vida sin sentido ha ido, afortunadamente, perdiendo peso en nuestra sociedad. Así, no creemos que, hoy por hoy, la presión social sea motor principal del deseo de convertirse en padres.

Me doy cuenta de que los argumentos para rebatir esta segunda hipótesis no son tan sólidos como los que hemos usado para excluir la primera, y sin embargo mi experiencia (tanto personal como profesional) me indica que, aun en los casos puntuales en los que la presión familiar o social juega un rol importante o significativo, nunca es definitorio ni suficiente. La decisión de encarar la búsqueda de un hijo se nutre de «algo» más (llamémoslo así por ahora) muy conectado con lo emotivo y tiene origen en contenidos muy profundos de la propia persona más allá de lo que venga «desde afuera». Reconozco, claro, que mi mirada es subjetiva. Admito que no quisiera que algo tan profundo como el vínculo con los hijos naciese de una cuestión más bien banal, como la de complacer los deseos de otros o cumplir los mandatos que la sociedad nos impone. Es cierto que muchas cosas valiosas tienen los orígenes más superfluos o equívocos..., pero aun así, prefiero descartar la hipótesis del mandato social y por ello me aferro a los argumentos para sostener lo contrario por enclenques que sean (será tal vez que mi amor por la verdad es menor que mi valoración de aquello que juzgo bueno o noble para mí y que supongo igual para el resto de las personas).

La trascendencia

Si aceptamos que el deseo de ser padres no es fruto directo del instinto ni de la presión social, nos restará aún una posibilidad: la humana necesidad de trascender, de ir más allá de uno mismo, de dejar algo en el mundo una vez que nuestro tiempo e influencia hayan terminado. Es incuestionable que los hijos, de una manera o de otra, acaban por satisfacer este deseo siempre que existiese; ya que nos brindan no solo la sensación, sino también la certeza de la trascendencia. No hay duda alguna, desde lo biológico, algo de mi material genético continuará existiendo en el mundo cuando yo haya muerto, pues mis hijos lo comparten; desde lo social, mi apellido también perdurará, puesto que ellos lo portan; desde lo personal «viviré» en su recuerdo y en la influencia que tenga lo que dije o prediqué, sobre sus modos de pensar, de sentir y de actuar...

Si de trascender se trata, es seguro que tener hijos es el modo garantizado e infalible de conseguirlo. Y sin embargo, si dijeras: «No recuerdo que esa haya sido mi intención, cuando comencé a sentir las ganas de tener hijos»... tendrías razón.

Nuevamente, el momento vital en el que por lo general nos planteamos tener hijos no coincide con el tiempo en el que la preocupación por la trascendencia lógicamente se instala. Esta última se acerca más al final de la vida o, al menos, a una madurez avanzada: una etapa en la que la idea de la muerte cercana o posible nos lleva a pensar en lo que habremos de dejar detrás de nosotros. En nuestra experiencia, no es muy frecuente que los jóvenes menores de treinta anden pensando en la trascendencia, ni lo es que, cuando la idea aparece, los hijos sean vistos como el medio más idóneo para lograrla.

En un mundo en el que el modo privilegiado y sobrevalorado de la trascendencia se identifica con el recuerdo colectivo, los que piensan en ello como un objetivo se concentran en grandes acciones, en aquellos emprendimientos que producen cambios significativos para la patria, la ciencia, el arte, el deporte o cualquier otro campo. De hecho, si nos piden que pensemos en alguien que ha «trascendido», lo más probable es que venga a nuestra mente alguna persona que haya hecho una contribución importante que beneficie o influya a las generaciones futuras; no es lo esperable que pensemos en alguien que simplemente ha tenido hijos (aun cuando todos acordemos en que esa tarea, la de ser buenos padres, es una de las más importantes que nos toca en la vida).

Es posible que el deseo de trascender esté un poco por debajo de la superficie o que uno no se permita argumentarlo por grandilocuente y egocéntrico («¡Tendré hijos y así seré inmortal!»); es probable que, en cierto grado, la paternidad lo implique en cada búsqueda, en cada embarazo y en cada parto. Pero aun así y por todo lo dicho, no es suficiente. Actúa en todo caso como factor adicional; es un condimento, pero no la esencia del plato principal...

Volviendo a la cuestión: si el instinto está demasiado diluido en las personas, si el mandato social no es sano como motivación, si el anhelo de trascendencia no es suficientemente poderoso... ¿Qué lo es?, ¿de dónde surge nuestro deseo de ser padres?, ¿cuál es el verdadero motor?, ¿qué buscamos cuando queremos tener un hijo?

La verdadera razón...

Confieso que, durante mucho tiempo (aun después de haber tenido dos hijos), no supe responder a esta pregunta. Fue mi esposa quien me reveló la respuesta con una naturalidad asombrosa. Yo me debatía con todas estas alternativas insatisfactorias que hemos comentado hasta aquí y otras muchas más (personales, miserables y hasta especulativas), cuando buscando, como suelo hacer, el intercambio con mi esposa que me ayuda a seguir pensando, le pregunté, a boca de jarro:

—¿Qué es lo que quiere alguien que decide tener un hijo?

—Es sencillo —me dijo ella—. Quiere amar.

¡Por supuesto! La respuesta restalló como un látigo en mi cerebro. ¡Estaba allí, tan claro! ¡¿Por qué no lo vi antes?! Seguramente porque soy hombre... Hacía falta una mujer y una madre para dar con aquella respuesta. Quizás de hecho muchas de vosotras, lectoras (no vosotros, congéneres), hayáis dado con la respuesta también, antes que yo y sin tantas vueltas.

Tomemos entonces este brillante fragmento de sabiduría femenina y formulemos nuestra respuesta a la cuestión planteada:

El deseo de ser padres responde
a muchas cosas,
pero especialmente y
más que a ninguna otra,
responde a nuestro deseo de dar amor.

Tenemos hijos para eso: para poder amarlos...

Claro que además los queremos para muchas otras cosas, demasiadas cosas: para que nos sigan, para que nos hagan quedar bien, para que nos acompañen, para que consigan lo que nunca logramos nosotros, y hasta para que nos cuiden cuando seamos viejos... La lista es larga y posiblemente la veremos más adelante, pero esencialmente los deseamos para poder canalizar a través de ellos nuestra necesidad de amar.

Se impone aquí un comentario para nosotros fundamental, que implica una distinción de enorme importancia: la necesidad humana de amar (que se manifiesta desde que aparece la idea de concebir a nuestros hijos) poco o nada tiene que ver con la también humana necesidad de ser amados. Y en el análisis que hacemos de este vínculo particular, esta diferencia es vital.

En todos los demás vínculos afectivos (parejas, amigos, compañeros de ruta), pretendemos, más o menos conscientemente, cierta reciprocidad. Esperamos y exigimos ser queridos tanto como queremos, ser reconocidos de la manera en que reconocemos, ser amados de la misma manera en la que amamos. Con los hijos, no es así. Y cuando pretendemos que lo sea, caemos en la falacia de pedirles un imposible. Pues ellos serán, en efecto, capaces de un amor de la magnitud y de las características del que nosotros les damos, pero solo después y teniendo como destinatarios a sus propios hijos.

Es por supuesto posible, deseable y hasta frecuente que los hijos quieran también a sus padres; pero esto no es, en medida alguna, inherente al vínculo, y por lo tanto dependerá más bien de la historia compartida (como en cualquier otra relación).

De hecho, si un padre o una madre no siente amor por su hijo, como médico psiquiatra, debo pensar que algo muy malo está sucediendo en la mente de ese hombre o de esa mujer. Sin embargo, si un hijo o una hija no ama a su padre o a su madre, profesionalmente yo no puedo decir, sin investigarlo, que por fuerza haya allí algo patológico. Debería por cierto examinar el vínculo y los hechos de esa relación antes de señalar la causa, si es que la hay, de ese desamor.

El vínculo entre padres e hijos no es una calle de doble circulación en la que lo mismo que va hacia un lado vuelve por el otro. No iremos tan lejos tampoco, como para decir que es una vía de una sola dirección (de los padres hacia los hijos), pero de seguro que hay (y debe haber) mucho más tráfico en esa dirección que en la otra.

Por definición y naturaleza, el vínculo entre padres e hijos es asimétrico, desigual y desbalanceado..., y todo ello en favor de los hijos: los padres tienen mayor responsabilidad que los pequeños, más deberes, menos beneficios y se espera de ellos que estén siempre dispuestos a dar más y recibir menos.

Podrías decirnos: «es sumamente injusto»; y podremos responder de dos formas:

Por un lado, aceptando lo injusto de esta situación... Está bien, es injusto: ¿y qué?

Solo valdría hablar de justicia o de reparto equitativo si hubiera aquí una especie de acuerdo previo, pero está bien claro que no lo hay. La decisión de que allí haya un hijo ha sido por completo unilateral (de los padres) y, por ende, no puede pedírseles a los hijos que respondan por una decisión en la que no han tenido voz ni voto. Los adolescentes de todo el mundo lo dicen y a gritos cuando están enojados con sus padres: «Yo no te pedí nacer»... Y lo peor del caso es que tienen razón, aunque lo digan de mala manera y en situaciones en las que casi siempre su argumento justificativo sea totalmente improcedente y su queja (aquí sí) absolutamente injusta. Un padre más lúcido y menos enojado podría responder: «Es verdad, hijo, no fue tu decisión, fue la nuestra y estoy muy contento de haberla tomado. En cuanto a ti, de todos modos, tendrás que hacerte responsable de tu vida como si la hubieras pedido, si no quieres que acabe convirtiéndose en un desastre».

Por otro lado, quizás no sea tan injusto. En compensación por el mayor trabajo y responsabilidad que supone ser padre o madre, la gratificación que recibimos es también enormemente superior. La frase que inspira esta reflexión apareció un día en una pintada gigantesca en una pared de Buenos Aires, decía:

«Es mucho mejor tener hijos que tener padres».

De todas maneras, como dijimos, lo más frecuente, de lejos, es que los hijos acaben por querer a los padres (aunque no sepamos muy bien por qué) y (más sorprendente aún) por quererlos mucho. Pero aun en ese caso y aun cuando el mutuo amor sea inmenso, padres e hijos no están, tampoco aquí, en igualdad de condiciones. Pues respecto del amor que se profesan unos a otros, solo los padres cumplen una condición única en el campo de las relaciones humanas: son capaces de un amor IN-CON-DI-CIO-NAL.

Mi esposa suele tener esta «discusión» con mi hijo mayor:

Él: Te quiero mamá.

Ella: Yo también, hijo.

Él (que quiere ganar a todo): Yo más.

Ella: Lo siento, hijo, pero en este caso, no tienes nada que hacer.

Mi esposa está en lo cierto. Por más que le pese al niño, en esta contienda no puede más que perder una y otra vez. Jamás podrá querernos más de lo que nosotros lo queremos a él. No podrá querernos más, es decir: con mayor intensidad; ni del mismo modo, ya que su amor por nosotros nunca será incondicional (y no sería saludable que lo fuera).

Dejemos para más adelante definir un poco el sentimiento del que hablamos (el amor), y preguntémonos: ¿qué quiere decir incondicional? A nuestro entender, significa exacta y literalmente lo que la palabra indica: un sentimiento que no pone condiciones. Un amor que existe, perdura y se mantendrá incólume sin importar qué suceda ni lo que haga el ser amado. Está claro: amaremos a nuestros hijos aunque nos hagan sufrir, aunque nos maltraten, aunque no quieran volver a hablarnos, aunque (en suma) no nos amen... Aun en el peor escenario, los seguiremos amando.

¿Por qué? Porque sí... Porque son nuestros hijos. Porque paridos y elegidos, ellos son una parte de nosotros y eso es irreversible.

Hace algún tiempo un paciente contó en una sesión que su hija de nueve años le preguntó:

—Papi, tú me quieres, ¿verdad?

—Muchísimo —contestó el padre con toda sinceridad—. Más que a nadie en el mundo.

—Ah... ¿Y por qué me quieres?

—¡Qué pregunta! ¡Pues porque eres mi hija! —dijo él, como si fuera la obviedad más grande.

—Ya, ya —dijo la niña—, eso ya lo sé.

La pequeña se quedó sintiendo que su padre no había contestado a su pregunta. La respuesta del padre reafirmando lo obvio, de hecho señalaba que la pregunta no tenía lugar (y aunque ninguno de los dos lo supiera, eso era cierto; ya que el amor incondicional, precisamente, no necesita motivos).

Pero la niña indagaba otras cosas...

—Lo que te quiero preguntar —se explicó la niña—, es por qué cosas me quieres, qué de mí te hace quererme.

Esta vez la respuesta no fue tan fácil. Y el padre tuvo que detenerse a pensar. Quizás para intentar mirar a la niña, digamos, como si no fuera su hija, como si pudiese no quererla, para poder apreciar todo lo que de querible había en ella y después decírselo (pese a que, al final, concluyera la conversación diciéndole que de todas formas, aunque no tuviera ninguna de esas cosas y tuviera todas las opuestas, él la querría igual).

Creemos que vale la pena preguntarnos de dónde le surge a la niña esta pregunta, ya que si tienes hijos, de alguna manera, más tarde o más temprano, deberás contestarla. Es lógico suponer que, en algún momento, los hijos, comenzando a prepararse para «salir al mundo», dirigirán la mirada hacia los otros, más allá de sus padres, y se preguntarán si alguien más será capaz de quererlos. La niña comprende intuitivamente que los demás no habrán de quererla «porque sí» (es decir: sabe, sin saber por qué lo sabe, que el amor incondicional es exclusivo de los padres) y por eso, justamente, se pregunta qué virtudes, qué rasgos queribles tiene como para despertar el interés de los otros.

De paso, quizás sea este el único rasgo indeseable del amor incondicional, el de ser un sentimiento que nunca dice demasiado de aquel a quien va dirigido; nada dice de lo que uno se ha ganado, de lo que se merece o de lo que es capaz de producir. Sin lugar a dudas, el amor y reconocimiento de los padres son esenciales para fundar una buena autoestima en la niñez; pero más adelante en la vida, si yo me encuentro dudando de mi capacidad de ser amado, el amor de mis padres puede no serme de gran ayuda, porque de alguna manera lo tengo garantizado sin importar cuán aborrecible yo sea, real o imaginariamente, para todos los demás.

Como confirmando esto, recuerdo que mi madre solía decirnos, a mi hermano y a mí:

Si te portas así... o
Si eres así... o
Si contestas así... o
Si sigues así...

¡¡¡Nadie te va a querer!!!

Y yo, rebelde y luchador desde pequeño, recuerdo haberle preguntado un día para provocarla:

—¿Nadie va a quererme? ¿Y tú tampoco?

Y ella, con la habilidad de una madre que te ve venir, contestó rápidamente:

—Yo sí. Yo te voy a querer de todos modos, ¡¡¡pero yo soy tu mamá y eso no cuenta!!!

Acordemos, pues, que la intuición de la niña era correcta: nadie que no sea uno de sus padres la amará así; los demás, todos los demás, precisarán motivos, historia, vivencias, hechos compartidos, confianza, atracción, y tantas cosas. No se trata aquí de establecer solamente que los hijos no pueden amar sin condiciones a sus padres, sino más aún, que nadie que no sea uno de ellos puede hacerlo. Nos agrada mucho decirles a aquellos a quienes queremos que los querremos sin importar lo que pase... Los votos matrimoniales clásicos «en la salud como en la enfermedad», «en la riqueza y en la pobreza» y «hasta que la muerte nos separe» pueden tomarse como promesas de un amor incondicional, que sabemos que no podemos brindar.

En lo cotidiano, nos gusta mucho preguntar:

—¿Me querrías si engordara veinte kilos?

—¡Por supuesto!

—¿Me querrías si fuese pobre?

—¡Claro que sí!

No es que estas respuesta sean mentiras, lo que no es cierto es que los seguiríamos queriendo «pase lo que pase». Muchas veces sostenemos esto porque creemos que ese es el mejor y mayor amor que podemos brindar; equiparamos el hecho de que nuestro amor tenga condiciones a ser de menor calidad o un poco inauténtico, pero no es así. La medida del amor a nuestras parejas, a nuestros amigos y a nuestros padres siempre estará condicionada por las cosas que sucedan en el vínculo entre nosotros. No es cierto que los querremos siempre sin importar lo que suceda o lo que hagan, ni que nos seguirán queriendo para siempre, hagamos lo que hagamos. Si tu amigo te estafa con dinero una y otra vez, no solo es probable que dejes de quererlo, sino que seguramente sea lo más sano..., si alguien es violento con su cónyuge habría que esperar que el amor que este le tenía fuera desapareciendo..., si un exesposo o una exmujer utilizan a los hijos de ambos para manipular al otro, el amor que podría haber sobrevivido a la separación está por lógica en serio riesgo.

Un viejo chiste que contaba siempre mi tío Rafael ilustra lo doloroso de «un amor» demasiado condicionado a cosas que nada tienen que ver con el amor...

Jacobo le pregunta a su novia (treinta años más joven que él):

—Margarita..., ¿me seguirías queriendo si yo perdiera todo mi dinero, hasta el último centavo?

Y ella contesta, con una sonrisa y un abrazo meloso:

—Claro que sí, mi amor..., claro que te seguiría queriendo... ¡¡Y te echaría muchíiisimo de menos!!

Por supuesto: hay cosas que podemos dejar pasar en la persona que amamos y no en otro cualquiera, hay cualidades que sobrevaloramos en nuestra pareja y quizás no nos impresionen en un extraño y hay también defectos que podemos comprender en otros, pero no toleraríamos en una persona con la que decidimos convivir. Lo cierto es que no soportamos, ni deberíamos soportar, cualquier condición que imponga el amor de alguien, ni podemos condicionar la conducta de otro argumentando el amor que le tenemos. El amor nunca condiciona; si es verdadero amor, antes bien, libera. La exigencia tácita o explícita de que el amor que alguien nos tiene sea incondicional, es una clara puerta hacia las peores dificultades que pueden afrontar dos personas en una relación de pareja y en cualquier otro vínculo comprometido.

Jacques Lacan definió alguna vez el amor de un modo cruel pero preciso a la vez:

«El amor es dar lo que no se tiene a alguien que no lo es».

Para aplicarlo a los términos de lo que venimos hablando, yo diría:

«El amor (en la pareja) es pedirle un imposible a alguien que en

realidad no existe» (es decir: pretender el amor incondicional de alguien, que ni siquiera es como nosotros lo imaginamos).

El horizonte al que todo buen amor debería aspirar (y el de padres e hijos no es una excepción) no está dado por la incondicionalidad del sentimiento, sino por aquello que muy bien expresa la bella definición de Joseph Zinker:

«El amor es el regocijo por la mera existencia del otro».

Y es hacia allí, me parece, hacia donde debiéramos apuntar todos nuestros vínculos: hacia aprender a querer al otro por su mera existencia y celebrar que esté en nuestra vida, sin pedirle que sea de una manera o de otra, sin esperar que cambie ni que cumpla nuestras expectativas. Ese es el buen amor y es, por supuesto, bastante difícil de alcanzar.

RESPONSABILIDAD ASIMÉTRICA

A un hijo, en cambio, se le tolera todo. Es cierto..., siempre y cuando se entienda que «se le tolera todo» quiere decir «se lo ama de todas maneras» y no implica «y no se dice palabra al respecto». Muy por el contrario, el que ama a sus hijos dice, opina, hace saber su desacuerdo, interviene, participa, se involucra, se queja y hasta quizás proteste..., y cuando el hijo lo ignora, lo desafía, lo provoca o lo contradice... puede fastidiarse o dolerse, pero no lo deja de amar.

En Argentina vivió un maestro de maestros en el tema del tratamiento y encuadre de la psicoterapia de niños y adolescentes, se llamaba Arnaldo Rascovsky y sus enseñanzas marcaron el modelo y la función de miles de nosotros, terapeutas de niños y de adultos. Rascovsky defendía a ultranza los derechos de los niños y acusaba virtualmente a los padres (quizás un poco exageradamente) de casi todos los proble-

mas psicológicos de los más pequeños. A tal punto que acuñó un término terrible para poner el punto de mira sobre el maltrato infantil por parte de los padres; lo llamaba filicidio. Ese concepto abarcaba no solo la violencia física y psicológica, sino también, y especialmente, la mayor de las agresiones a su integridad: el ignorarlos, el no prestarles la más mínima atención, el no darles nada, ni siquiera una regañina.

Debo admitir que, en mi camino como profesional de la salud mental, conocí de cerca a unos pocos padres y madres que parecían haberse ocupado con afán de destruir literalmente a sus hijos. A pesar da ello, sigo sin coincidir del todo con aquella postura radical descrita por Rascovsky que tanto responsabiliza a los padres de todos los males de sus hijos. En parte, porque no quiero darles a los padres, ni siquiera en teoría, semejante poder, y en parte, porque he visto también hijos maravillosos nacidos en entornos muy tóxicos y viceversa. Eso sí, podría firmar mi acuerdo de ciento por ciento con aquello que entre colegas llamábamos burlonamente la Receta Rascovsky, que, aunque en broma, dejaba claro en una sola frase una verdad de Perogrullo, principio de toda su enseñanza: «A los hijos hay que quererlos».

Y si bien esto suena como una absurda recomendación profesional, no puede serlo. Especialmente porque no es algo que se pueda hacer por indicación médica (aunque qué bueno sería, en algunos casos como los mencionados, que fuera posible forzar a alguien a sentir verdadero amor por sus hijos). Pero recetar el amor incondicional por los hijos sería igual de absurdo que recetar a un paciente: «No respirar más de veinte veces por minuto», cuando en realidad no puede evitar respirar menos de cuarenta y cinco veces a causa de una afección. Si tienes hijos, amarlos será natural, y no podrías (aunque quisieras) dejar de hacerlo. Hemos visto a padres y madres que, fruto de un gran enojo (justificado o no), lo han intentado. Se han forzado a hacer a un lado el amor que sentían por sus hijos, tomando distancia, imponiéndose el silencio o evitando contacto, pero todos han fracasado. Es decir, aun cuando hayan logrado no verlos nunca más, no han conseguido dejar de amarlos y así se han condenado a sí mismos al sufrimiento. Muchos de ellos, quizás todos, no necesitaban la receta de «Amarás a tus hijos», pero hubieran tenido que recibir una de «Recuerda que ellos no siempre lo harán».

Son padres que vivieron bajo la ilusión de que la relación con sus hijos debía ser de un intercambio equitativo y por ello se sintieron sumamente defraudados cuando, desde el otro lado, no volvió nada equiparable a lo que ellos habían dado. O, como suelen expresarlo públicamente, sus hijos fueron unos desagradecidos, incapaces de reconocer adecuadamente lo que habían recibido. Son padres que demasiadas veces amargaron sus últimos años esperando de los hijos alguna palabra que nunca llegó. No lograron comprender que el reconocimiento que pedían a sus hijos era un sutil equivalente de exigirles que devolvieran lo recibido, aunque fuera en esa moneda.

La cuestión de la expectativa del agradecimiento de los hijos es, a nuestro entender, un tema crucial en el vínculo que nos ocupa, pues cuestiona y debilita el valor y mérito de lo que, como padres, damos.

Si tú me regalas algo, digamos un par de zapatos, y luego te enojas y me reclamas con el dedo acusador que no te lo agradecí como debía, seguro que yo me quedaría con ganas de decirte:

—El tuyo no era un verdadero regalo. Era un intercambio: zapatos por agradecimiento. Una especie de venta en la que el calzado debo pagarlo con mi gratitud.

Y no estamos diciendo, en modo alguno, que sea censurable, ni malo, ni enfermizo que los hijos estén agradecidos con los padres. Todo lo contrario, pero ese debe ser un lugar de llegada interesante para ellos, al que deberán arribar por su cuenta, sin presión y sin estar pendientes de la expectativa de los padres que, si les hacen saber que su gratitud es necesaria o esperada, estarán borrando con el codo lo que escribieron con la mano.

Existen padres que viven «endeudando a sus hijos» con esas frases hechas del estilo de: «Cuando estés en tu casa, harás lo que quieras pero por ahora...», «Si tuvieras que pagarme estos años de alquiler...», «Con lo que pago de universidad lo menos que podrías es estudiar» o «Después de todo lo que hicimos por ti»... El resultado para los hijos es nefasto, pues se les abren dos caminos, ambos desaconsejables. O bien se dedican a saldar la deuda que han contraído con sus padres y se transforman en buenos chicos y chicas que hacen todo lo que se espera de ellos relegando su propio deseo; o bien buscan no contraer más deuda bajo el modo de rechazar todo lo que se les ofrece («No quiero nada de ti puesto que vas a facturármelo luego»). Huelga decir que ambas vías resultan restrictivas y empobrecedoras para sus vidas futuras.

Vale observar que también existen hijos e hijas que, más allá de que sus padres no hayan alimentado esta creencia, menosprecian sus merecimientos y se sienten obligados (a veces de por vida) a «devolver» lo recibido y a lograr que los padres se sientan reconocidos y valorados por ellos. Hijos e hijas que se ubican por sí solos en el lugar de estar en deuda y se dedican a intentar satisfacer las expectativas que los demás planearon para ellos o se «consagran» al cuidado de sus padres, desde lo económico o desde el lugar socialmente más aceptado de cuidar de su salud.

Suele decirse que la deuda que hemos contraído con nuestros padres, en todo caso, no se salda devolviéndoles a ellos un equivalente a lo recibido, sino brindándoselo a nuestros propios hijos.

Aunque yo preferiría, para ser sincero, dar por cancelada esa deuda. Entiendo, como dijimos, que todo lo que mis padres me han dado (que ha sido mucho), lo han hecho movidos por su propio deseo de dar y amar y, en consecuencia, no me siento en deuda, aunque sí, agradecido. De la misma manera, no quisiera que mis hijos se sintieran en deuda conmigo..., ni siquiera una que tuviesen que reparar con sus propios hijos. Cuando les toque amar incondicionalmente, quisiera que los moviera el goce de hacerlo (que es enorme) y no una secreta y retroactiva cuenta pendiente.

Parte de la tarea de los padres es, por supuesto, ayudar a que los hijos puedan llegar, algún día y si es su deseo, a tener su propia familia. Y como es obvio, para eso es imprescindible abandonar la familia de origen.

Dicho con crueldad..., es necesario traicionarla.

¡¡¡Eh!!! ¡Hombre! ¡¡Qué exagerado!! ¿No te parece demasiado decir «traicionar»? No, no me lo parece. Y al que se lo parezca, mejor que lea atentamente lo que sigue, porque de lo contrario las perspectivas son de un futuro complicado...

Para formar una familia propia hay que dejar de pertenecer a la familia en la que uno se crio e irse a otra. «Yo jugaba para un equipo, pero ahora me paso a otro porque me pagan más», «Yo tenía una empresa con un socio, pero me fui y me puse mi propia empresa que hace lo mismo que la otra»... Eso, aquí y en todo el mundo, se llama traición. Y el caso de la familia no es diferente. La solución no está en cambiar la palabra para poner una que no suene tan mal; la solución está en perderle el miedo al concepto, a la idea de cambiar de bando, porque en ocasiones es lo único sano que puede hacerse.

Cuando los padres esperan con demasiado ahínco el agradecimiento de los hijos o cuando no soportan la más mínima de estas traiciones o abandonos, están atentando contra las posibilidades de ese hijo de hacer su propia vida.

La historia de Juana, una paciente de cuarenta años, ilustra algunas de las consecuencias de esta actitud de los padres.

Cuando llegó a terapia, llevaba diez años sin estar en pareja.

Vivía con su madre y con un hermano unos años menor que ella (el padre de ambos había fallecido tiempo atrás). Una tarde llegó a la consulta peculiarmente eufórica, había conocido a un hombre y había comenzado con él una relación más o menos seria. Con el tiempo, dado que la relación crecía en compromiso y que el hombre vivía y tenía un buen trabajo en otra ciudad, comenzó a perfilarse la perspectiva de que ella, en algún momento, se mudaría a vivir con él. En ese contexto llegaron las vacaciones y Juana le anunció a su madre que viajaría a pasar unos días con él en la ciudad vecina. La madre respondió en tono de reproche:

—¿Justo ahora que vienen las vacaciones? ¡¡Él será tu pareja, pero yo soy tu mamá y también tengo derecho de disfrutarte!!

En cuanto oyó esta respuesta, Juana recordó que su madre le había dado una respuesta muy parecida treinta años antes, cuando ella tenía tan solo diez. En aquella ocasión, toda su familia había viajado a la costa junto con una familia vecina conocida desde hace años, que tenía niños de edades similares. Después de haber compartido de modo muy cercano las vacaciones y cuando ya debían regresar, los padres de la otra familia les ofrecieron, a ella y a su hermano, quedarse unos días más en su casa para regresar luego con ellos. La madre, a pesar de que confiaba plenamente en los padres de la otra familia, se negó. Los niños insistieron, pero ella permaneció firme. En el viaje de vuelta, mientras iba sentada en el asiento trasero, Juana no podía dejar de preguntarse por qué su madre le había negado aquellos días más de vacaciones. Finalmente, después de doscientos kilómetros de viaje, no pudo contenerse más y estalló:

—¡¡¿Pero por qué no pudimos quedarnos en casa de nuestros amigos?!!

La respuesta de la madre fue implacable. Giró su rostro hacia atrás, desde el asiento delantero y dijo:

—Porque ellos son tus amigos, pero nosotros somos tus padres y también queremos disfrutaros.

Treinta años después, Juana recibía la misma respuesta que le había dado en aquel momento. Esta mujer seguía viendo a su hija con los mismos ojos con los que la veía treinta años antes, cuando tenía diez años, desconociendo que ahora tenía más de cuarenta, y creyendo lo mismo que entonces, que su hija estaba allí para que ella la disfrutase.

No es necesario ser un terapeuta con experiencia para darse cuenta de que esta posición de la madre tenía mucho que ver con las dificultades que Juana había tenido durante mucho tiempo (y en cierta medida aún tenía) para formar pareja y tener una familia propia. ¿Cómo podía hacerlo si ello significaba privar a la madre del disfrute de «tenerla»? La madre de Juana nunca se había dado cuenta (como tantas otras madres y padres) de que había llegado la hora de plantearse que en lugar de disfrutar de ella, debía aprender a disfrutar con el disfrute de ella. Este es uno de los desafíos más importantes, y sin duda de los más difíciles, que los padres habremos de afrontar.

El amor de los padres incluye en su compleja tarea la de aceptar (y de buen grado) el hecho de que hemos de criar a nuestros hijos para que tarde o temprano puedan y quieran abandonarnos. Esa será, para padres y madres, la marca de un trabajo bien hecho.

3

AMOR AMBIVALENTE

> Los niños comienzan amando a sus padres; después de un tiempo los juzgan; rara vez, si acaso, los perdonan.
>
> OSCAR WILDE

IDEALIZACIÓN Y DECEPCIÓN

Si el amor de los padres hacia los hijos se caracteriza, como dijimos, por su incondicionalidad, la característica emblemática del amor de los hijos hacia los padres es, en cambio, su ambivalencia; y por eso, lo más que se puede esperar de los hijos es que puedan amar mucho a sus padres..., y también que los odien un poco.

No se trata aquí tan solo de establecer algo que «debe ser» de esta manera, sino que pretendemos, además, hacer saber a quien quiera escuchar que esto no solo es inevitable, sino, además, deseable.

Los hijos necesitan estos dos sentimientos, que son complementarios e imprescindibles para que los más jóvenes se desarrollen adecuadamente y lleguen a convertirse en adultos maduros, independientes y capaces de desplegar todo su potencial. No se trata simplemente de que los hijos necesiten amar u odiar a sus padres, sino de comprender y aceptar que esos sentimientos serán la manifestación inevitable de los procesos que los niños deben atravesar para desarrollarse con plenitud.

Dicho de otra manera, nuestros hijos acabarán amándonos

por todos aquellos cuidados recibidos, por el afecto y por la guía que les hemos dado (es decir, por haberles procurado lo que verdaderamente necesitaban y querían), pero también nos resentirán un poco porque comprobarán que, de modo inevitable, los habremos moldeado y hasta cierto punto limitado, con nuestra presencia, con nuestros consejos y con nuestra propia manera de ver el mundo (por no mencionar también las otras fuentes de rencor que seguramente habremos de imponerles: las reprimendas, las frustraciones y las órdenes para ellos absurdas). Nadie se siente contento y agradecido de ser tratado así, y los niños menos; de modo que cuando esto suceda, con todo derecho se enojarán con nosotros, en el mejor de los casos, sin dejar por ello de amarnos.

Recuerdo que, de niño, se había instalado entre mi padre y yo una especie de costumbre, casi diría de ritual. Cada vez que yo, en el transcurso de una lectura, hallaba una palabra que no conocía, acudía a mi padre (aun cuando el hallazgo hubiera ocurrido durante el día y tuviese que esperar hasta la noche a que él regresara del trabajo) y le preguntaba, por ejemplo:

—Papá, ¿qué significa *«pagoda»*?

O

—Papá, ¿qué quiere decir *«abolir»*?

O

—Pa, ¿qué es algo *«dantesco»*?

Y mi padre me respondía:

—Una pagoda es una construcción de estilo chino...

—Abolir quiere decir que una ley deja de tener efecto...

—Dantesco es algo que parece escrito por Dante Alighieri, un famoso poeta italiano; quiere decir exagerado, impresionante o asombroso...

Mi papá siempre tenía una respuesta y se cuidaba de poner la explicación en términos que yo pudiese entender. No podría asegurarlo, pero mi sensación es que esas charlas se mantuvieron durante años. Hasta que, un día, sucedió algo que yo nunca había imaginado posible (seguro que ya os lo imagináis...).

Un buen día (o quizás debiera decir un mal día), me acerqué a mi padre y le pregunté, digamos (ya no recuerdo cuál fue la palabra exacta):

—Papá, ¿qué es una «falúa»?

Y mi padre me respondió:

—¿Falúa?... No lo sé, hijo. Nunca he oído esa palabra.

La impresión que me causó aquella respuesta fue tremenda. Tanto, que en un comienzo desconfié: seguramente era algún truco de esos que mi padre solía hacer cuando quería que yo encontrase la respuesta por mí mismo.

—¿Cómo que no lo sabes? —dije.

—No lo sé, Demi —repitió él—. Podemos buscarla en el diccionario.

No había truco. Mi padre no sabía el significado de aquella palabra. Peor aún, según descubrí en aquel momento: existía una palabra que mi padre desconocía. Aquello era inaudito. Nunca antes me había dado cuenta, pero hasta aquel momento yo estaba seguro de que mi padre conocía *todas* las palabras.

No es que dejase de preguntarle, pero a partir de ese momento cada pregunta era más un examen que una búsqueda curiosa. A partir de allí y durante algún tiempo, él supo aun contestarme la mayoría de las veces, pero no todas... Recuerdo mi dolor, una ilusión que se había roto. Las cosas continuaron avanzando en el mismo sentido e inexorablemente llegó un punto en el que, si una palabra era suficientemente rara como para que yo (que leía bastante) no la conociese, mi padre tampoco la conocía.

Un nuevo dolor. Lo impensable había sucedido: había «alcanzado» a mi padre.

No era yo tan estúpido como para pensar que lo había alcanzado en todo sentido, pero tampoco me pasaba desapercibido que, si había sucedido en este pequeño aspecto, era por lo menos posible que sucediese en otros.

La sensación se fue transformando de pequeña pena en algo parecido al vértigo y hasta en inquietud. Me di cuenta de que ya no podría contar con él para que solucionase todos mis problemas. Mi padre no tenía *todas* las respuestas, y no *siempre* sabría qué decirme...

Había un punto en el que yo estaba irremediablemente solo.

Recuerdo ahora que sorprendentemente lo peor no era la conciencia de su falibilidad, lo peor de ese momento era que nuestro pequeño ritual, que a mí tanto me gustaba, se había terminado. Ya no tenía sentido. Seguro, podíamos reemplazarlo por otro, como buscar juntos las palabras en el diccionario (¡qué aburrido!), pero yo intuía que aquellos momentos de fascinación no volverían jamás.

No sé si en ese entonces tomé conciencia de lo que esto me produjo, pero hoy me doy cuenta de que no pude sino enojarme con mi padre. Odié su falibilidad, su incompletud, y confirmar que él no era ese ser todopoderoso que yo creía que era. Estaba furioso porque, de algún modo, lo acusaba de habérmelo hecho creer:

—¡Tú me dijiste que sabías las palabras! —hubiera querido decirle, aunque nunca lo hice—. ¿Cómo te atreves ahora a decirme que no sabes? Tienes que saber. ¡Tú me lo prometiste!

Yo nunca le dije a mi hijo que lo sabía todo, ni siquiera se me ocurriría insinuarlo, de hecho y como es obvio, nunca le había prometido nada de eso, y sin embargo, él lo había llegado a creer. Y si lo pienso bien... ¿Cómo podía mi hijo creer otra cosa? ¿No había yo respondido acaso a todas sus preguntas hasta allí, casi sin dudar?

Pero en mi descargo... ¿Qué podía haber hecho para evitar su decepción, para no engrandecerme en su mirada?

Me pregunté muchas veces: ¿debí haberme hecho el tonto?, ¿debí hacer como que no sabía lo que en verdad sabía? No creí que fuera bueno para mi hijo que yo le mintiera estúpidamente y no lo creo aho-

ra. A mi modo de ver, eso habría equivalido a desampararlo ex profeso, a condenarlo a un mundo mucho menos seguro, tempranamente.

Estoy convencido de que hacer llegar a tu hijo, antes, a un lugar no demasiado agradable, al que de todas maneras llegará en su momento, no es una actitud amorosa ni sanamente educativa. Me pareció entonces que no era justo, ni para con él ni para conmigo, negar que sabía lo que sabía o esconder que ignoraba lo que ignoraba..., y hoy, muchos años después, me sigue pareciendo lo mismo.

De niños, necesitamos tanto de nuestro padre y de nuestra madre, somos tan dependientes de ellos, los vemos tan grandes y poderosos, que es casi imposible que no los idealicemos. En principio, porque verlos de ese modo nos garantiza una total seguridad. ¿Cómo podríamos estar tranquilos de niños si pensamos que nuestra vida está en manos de seres sin ninguna certeza, débiles y pusilánimes, que pueden equivocarse en cualquier momento? Cuando somos muy pequeños, pensar que nuestros padres «lo saben todo» y «lo pueden todo» no solo es natural sino conveniente y necesario. Tan conveniente y necesario, como inconveniente y pernicioso puede resultar que esa creencia idealizada se mantenga mucho más allá de la niñez.

Mi padre me enseñó a jugar al ajedrez cuando yo tenía seis años. Y durante toda mi época de primaria, yo pensaba que él era uno de los más grandes jugadores de la historia. Me encantaba jugar con él, aunque de vez en cuando él se dejara ganar y aunque yo supiera que él se dejaba ganar. Cincuenta años después, de vez en cuando, alguno de los dos proponía jugar una partida de ajedrez, lo disfrutábamos mucho... aunque de vez en cuando, yo me dejara ganar y aunque él supiera que yo me dejaba ganar.

Paul Auster, el escritor norteamericano, editó hace unos años un libro en el que recopilaba pequeñas historias reales escritas por aficionados. La antología tomó como título el nombre de una de las historias que contenía, el libro se llamó: *Creía que mi padre era Dios.*

Esta frase expresa, de forma bella, sencilla y contundente, la unánime experiencia de la idealización de los padres (aunque cada uno, mientras la vive, sienta que es el único en el mundo al que le ocurre esto) y, a la vez, nos anuncia el final de tamaña ilusión. Puesto que la frase dice «creía» (es decir, ya no lo creo), deja establecido para cualquiera que la lea, que tarde o temprano, el encantamiento se romperá y veremos a nuestros padres como en verdad son: personas, con virtudes y defectos, con posibilidades y carencias.

Es probable que, como en el relato que hemos compartido, este sea un momento doloroso, pues nos confrontará con el hecho de que la burbuja protectora que (creíamos) nos rodeaba se ha desvanecido. Estamos, de algún modo, expuestos a los potenciales peligros del mundo (o, al menos, más conscientes de esa supuesta exposición) y somos nosotros mismos quienes tendremos que comenzar a diseñar las estrategias con las que los afrontaremos.

Es así que la decepción de darnos cuenta de las limitaciones de nuestros padres se convierte en algo sano y necesario, pues abre un espacio fructífero en el que cada uno de nosotros irá hallando sus propios modos de hacer las cosas, teniendo sus propias opiniones sobre el mundo y volviéndose cada vez más responsable de conducir su propia vida; un espacio, en suma, en el que volverse adulto.

LAS MARCAS QUE NOS DEJAN

Hay una escena de la película de Disney, *Enredados*, que ilustra de manera fantástica esta ambivalencia de los hijos hacia los padres.

Creo que vale la pena detenernos un poco en la historia para entender cabalmente lo que le sucede a la protagonista. *Enredados* cuenta la historia de Rapunzel, se trata de una versión de aquel cuento clásico de la niña del cabello extremadamente largo que vive encerrada en una torre por una bruja malvada...

En la versión de Disney, el cabello de Rapunzel tiene propiedades mágicas: cuando se canta una determinada canción, irradia un brillo capaz de curar a los enfermos y rejuvenecer a los viejos. Es por esa razón que la bruja Gothel rapta a la recién nacida Rapunzel y se la lleva consigo. Gothel sabe que la niña es buscada por sus padres (el rey y la reina), de modo que la encierra en una torre lejos del contacto con cualquier otro. Allí pasan los años, mujer y niña solas, como madre e hija. Rapunzel crece cada día y Madre Gothel se mantiene joven gracias al mágico cabello de la joven.

El primer dato interesante es el método que usa Gothel para mantener cautiva a Rapunzel. Cierra las puertas y pone cerrojos, sí; pero sabe bien que eso no detendrá a Rapunzel mucho tiempo si ella en verdad desea salir... Gothel utiliza un modo más sutil, pero más efectivo: hace que la joven no desee salir. ¿Y cómo consigue eso? Le inculca el miedo. Gothel le enseña a Rapunzel que el mundo de afuera es un lugar peligroso: están los lobos y los osos, la hiedra venenosa, los ladrones y los asesinos, y sobre todo... los hombres: mentirosos, desalmados, egoístas, traicioneros. Los hombres son algo de mucho cuidado. «Tú, pobrecilla, eres débil e ingenua —dice Madre Gothel—, te comerán viva ahí afuera..., pero aquí estás a salvo, aquí mamá cuidará de ti. Mamá te entiende y te apoya, mamá te protege y por eso te advierte... Quédate conmigo, solo con mamá estarás a salvo».

En suma, la madre dice, sin ninguna originalidad: «Todo esto que hago, aunque te duela y te lastime, aunque vulnere tu libertad y tu persona, aunque no lo creas... ¡Es por tu bien!».

«Es por tu bien» (???).

Realmente muy poco original. ¿No es ese el caballito de batalla de toda nuestra manera de ejercer la función legislativa de la paternidad?

¿No es esa acaso la justificación que les damos y nos damos para autorizarnos a decidir por ellos, a veces por nuestra propia experiencia y otras tantas, por nuestras propias limitaciones o caprichos?

Rapunzel, por supuesto, confía (¿cómo podría no confiar?, ¿conoce acaso a alguien más?, ¿ha escuchado alguna vez otra opinión, otras palabras, otro consejo?) y se refugia en ella. Se somete. Y para más indignación del público..., ¡está agradecida!:

—¡¡Gracias, mami, por cuidarme tanto!! —podría decir.

Algunos dudarán de la representatividad de esta historia respecto de las relaciones entre padres (o madres, en este caso) e hijos. «Después de todo —dirán—, Madre Gothel no es la verdadera madre de Rapunzel; la madre es la reina de cuyo vientre ha nacido». Pues si lo que decíamos al comienzo del libro respecto de que padres son los que te crían y los que han decidido hacerlo, entonces Gothel es, a todo efecto, la madre de Rapunzel... Una mala madre, es cierto (y lo que es peor, quizás, una madre mala), pero no por eso se puede revocar su título, ni, mucho menos, se pueden conjurar los efectos que ejerce sobre su hija. Quiero decir: el hecho de que Madre Gothel sea quien es y como es, determina, al menos en parte, quién es y cómo es Rapunzel.

Obviamente, esto puede decirse de todos aquellos que han cumplido la función de padres o madres. Necesariamente, para bien y para mal, ellos dejan una marca en aquellos que ocuparon el lugar de hijos o hijas.

Claro que después, siempre, pero después, vendrá el trabajo de cada uno de esos hijos sobre sí mismos, para decidir qué hacen con esas marcas, con esas huellas, con esas cicatrices.

Al decir de Jean-Paul Sartre: qué hacer con lo que han hecho de nosotros.

Al decir de John Bradshaw: qué haremos con el niño herido que sigue viviendo en nosotros.

Nuestros padres nos moldean y, lo que es más, de alguna manera venimos asegurando que aquellos que nos han moldeado son efectivamente nuestros padres. Y aunque, como dijimos, el amor por ellos no tiene por qué ser incondicional, no deja de ser cierto que solo a un padre o a una madre se los puede querer luego de que hayan sometido nuestra voluntad a la suya del modo en que estos lo hacen. Proviniendo de cualquier otro, ese trato nos haría huir despavoridos.

Me permito aquí una digresión, creando una mirada desde un ángulo totalmente distinto; una rendija que merece, claro, un análisis por separado. Existe otra fuerza que podría mantenernos ligados a quien nos somete, una fuerza por completo opuesta al amor, y es el miedo.

Si Gothel no fuera la madre de Rapunzel, la joven sentiría y actuaría como alguien que está secuestrada..., pero ella no siente eso. No odia a Madre Gothel como a una enemiga, su única queja, en todo caso, es que, desde su perspectiva, los cuidados que ella le prodiga son excesivos y coartan su libertad.

De hecho, respecto al final, aun cuando ya ha descubierto las mezquinas intenciones que han motivado a su madre durante tanto tiempo, aun cuando esta la ha traicionado y engañado en pos de su propio beneficio, aun cuando ya ha descubierto que ha sido arrancada por ella de sus padres biológicos..., aun entonces y ante la muerte accidental de Madre Gothel, Rapunzel gritará:

—¡¡¡Noooo!!! ¡Madre! —y caerá de rodillas llorando compungida.

No dirá, como probablemente sería razonable que dijese:

—¡¡Sí!! ¡Muere! ¡Muere de una vez, vieja maldita! Bien merecido te lo tienes después de todo lo que me has hecho pasar...

Por doloroso que resulte decirlo o pensarlo, reducida a su esencia, la situación que se produce entre Madre Gothel y Rapunzel no dista tanto de la que puede haber entre cualquier hijo y una madre o un padre que intentan prodigarle sus «cuidados» más rigurosos.

—¡Un momento! ¡¡No tan rápido, señores!! —aullarán, con comprensible escándalo, los padres y madres que no quieren ser comparados con un personaje tan desagradable como esa arpía ponzoñosa de Gothel—. La bruja esa hace lo que hace con Rapunzel por sus propios intereses egoístas, porque quiere seguir siendo siempre joven, es por ella... Nosotros, en cambio, si alguna vez coartamos la libertad de nuestros hijos, lo hacemos por ellos. Lo hacemos por su bien.

Tenemos varias cosas para decir respecto de estas objeciones a nuestro comentario un poco «exagerado» (???).

En primer lugar, no está tan claro que los motivos de Madre Gothel sean tan distintos de los que tenemos la mayoría de los padres. Pensemos: ¿qué es lo que Gothel quiere? Ser joven para siempre. ¿Y para qué quiere eso? ¿Para ser siempre atractiva y seducir a los hombres? La película no apoya esa idea..., no es que Gothel ande por ahí, de parranda, pasando de brazos de un hombre a otro... No; ella está también casi todo el tiempo en la torre, con Rapunzel. Podríamos conjeturar entonces que lo que quiere es detener el tiempo..., que nada cambie..., que todo siga igual a como es ahora. ¿Y cómo es el ahora de Gothel? Pues ella y Rapunzel, en la torre, como madre e hija. Es eso, creemos, lo que Madre Gothel no quiere perder: no quiere dejar de ser madre.

Y si esta lectura es correcta, ¿no es acaso eso lo que todos los padres y madres queremos cuando cuidamos a nuestros hijos? Y más aún, cuando decimos: «No quiero que nada malo les pase»..., ¿es realmente por ellos? ¿O es porque la perspectiva de perderlos nos resulta aterradora? Si admitimos que algo de esto nos incluye, deberemos concluir que: o bien las motivaciones de Madre

Gothel no son tan egoístas como parecen a simple vista, o bien las motivaciones del resto de los padres no son tan nobles como aparentan..., y, en cualquiera de los dos casos, no están tan lejos unas de otras.

Claro que no estamos diciendo que deberíamos dejar de cuidarlos, ni dejar de advertirles de los peligros que podemos prever en su camino, ni mucho menos que debemos dejarlos hacer sin más, sin restricción ni guía alguna, lo que se les venga en gana. No proponemos ese camino (que además ha sido propuesto ya, probado y fracasado). Decimos que sería conveniente estar advertidos de que, en ocasiones, es posible que no sea el amor lo que nos mueve a intervenir de cierto modo con nuestros hijos, sino algunas otras cosas, que muchas veces aparecen acompañando ese sentimiento, pero que nada tienen de parecido, salvo sus destinatarios. Hablamos del temor a perderlos, con sus múltiples caras. Perder el poder que teníamos sobre ellos. Perder la influencia sobre sus decisiones. Perder el control sobre sus vidas. Y especialmente, no poder evitar que nos abandonen.

Y a pesar de que nadie ignora que el mayor desafío de los padres es darles a los hijos las herramientas para que algún día ya no nos necesiten, para que algún día puedan y quieran abandonarnos, para que algún día desplieguen sus alas y vuelen, si no estamos atentos, podemos terminar atentando contra el crecimiento de nuestros hijos, aterrados por la llegada de ese preciso día.

La otra razón para sostener que la actitud de Madre Gothel no nos es ajena a la mayoría de los padres es que, aun cuando decidamos decretar que los motivos de Gothel son en efecto malignos y mezquinos y que, en cambio, los nuestros se nutren solo de nuestro mejor amor, el discurso es siempre el mismo: «Coarto tu libertad porque creo que será mejor para ti», «Yo sé mejor que tú lo que te conviene» y además «Después me lo vas a agradecer».

Y aunque todo esto sea cierto, no puede dejar de producir, en aquel que es objeto de este sometimiento, una poderosa y conflictiva ambivalencia. Al mismo tiempo que te amo por los cuidados que me prodigas y tu intención, te guardo rencor por tu decisión de someter mi voluntad a la tuya.

La literatura (así como la vida cotidiana) está llena de historias de gente que insoportablemente trata a otra gente como si fueran sus hijos. Maridos, esposas, amigos, jefes, vecinos y gobernantes, que desdibujan sus roles creyéndose con derecho de ahijar al prójimo, quien por supuesto termina casi siempre evitando siquiera cruzarse con ellos. En su libro *Educar a los padres*, el especialista en educación Alex J. Packer propone un ejercicio que parece diseñado para explicar esta situación. Imagínate que un matrimonio de amigos tuyos te invita a su casa a cenar; pero en lugar del trato esperado, se comportan contigo y tu pareja como si vosotros fuerais sus hijos.

Susana, la anfitriona, abre la puerta y lo primero que dice es:

—Escuchad, os esperábamos más temprano, habíamos quedado a las nueve y son ya las nueve y media. ¿No os parece que deberíais habernos avisado?

—Sí..., es que nos hemos retrasado... —decís vosotros a modo de disculpa.

—De acuerdo —dice Susana—, pero que no vuelva a ocurrir.

Mientras os acompaña hasta el comedor, Susana se acerca a ti o a tu esposa, como para hacer una confesión y os dice al oído:

—¿No te parece que esa blusa es demasiado escotada para tu edad? Te lo digo porque la gente hace comentarios. Después andan diciendo cada cosa...

—Yo... esto... creía que...

—Bueno —interrumpe Mario, el esposo de Susana—, ya casi está la comida. ¡Eh! —os dice—, despacio con los entrantes que después no vais a comer nada de carne.

Tú sientes que te atragantas con el último trozo de salami y ya Susana vuelve a la carga, se frota las manos como disfrutando el momento y dice:

—¿Qué nos explicáis?

Tú y tu pareja os miráis azorados y luego, para intentar mantener las formas, tú dices:

—Bueno... estamos pensando en viajar a Praga.

—¡¿A Praga?! ¿Estáis locos? —dice Susana—. Con el frío que hace allí en esta época del año..., y además por ahí anda la mafia rusa...

—Cierto —apoya Mario aunque no esté del todo convencido—. Además, ¿no os parece que con la situación del país y considerando lo que ganáis que, digamos la verdad, no es tanto, no sería mejor que pusierais ese dinero a plazo fijo? Así lo teneís por si hay alguna emergencia. Digo yo... Haced lo que pueráis. Si de todos modos los que os vais a complicar la vida sois vosotros.

Lo más probable es que, después de una velada así, tú y tu pareja os lo penséis dos veces antes de volver a casa de Mario y Susana. ¿O no?

Y sin embargo, no es necesario recordarte cuantas veces los padres tratamos a nuestros hijos de esta manera y, no solo eso, sino que esperamos que lo valoren, que les guste y que nos lo agradezcan. No lo hacemos por mera ignorancia, lo hacemos porque sabemos que su sentimiento ambivalente, afortunadamente, hará su trabajo y cuidará nuestro vínculo.

Los buenos hijos son conscientes de sus sentimientos duales; los no tan buenos están anclados en sus sentimientos positivos y no soltarán nunca la mano de sus padres o están prisioneros de sus sentimientos negativos y no podrán nutrirse de ellos.

En este sentido, Rapunzel es una buena hija y, cuando su deseo de crecer, de expandir sus fronteras, de explorar qué hay más allá del mundo materno, la empuje a dejar la torre desafiando las advertencias de su madre, no lo hará sin vacilaciones.

Rapunzel se asoma a la ventana de la torre. Asegura su cabello para usarlo como una soga y descender por él hasta el suelo.

—Lo haré —se dice.

››No... —duda.

››Sí —se impone. Y se lanza hacia abajo deslizándose por su largo cabello rubio, a toda velocidad.

Unos centímetros antes de llegar al suelo se detiene, permanece allí, en el aire, un segundo y luego apoya con suavidad un pie desnudo sobre la hierba, y luego el otro.

De pronto ella está de pie, fuera de la torre.

Todo es nuevo y maravilloso: corre con el viento, se salpica con el agua y siente la tierra en sus manos...

—No puedo creerlo —dice para sí—, realmente lo hice. ¡¡Lo hice!!

Un segundo después, la heroína recuerda algo que ha debido por fuerza olvidar, aunque sea por unos minutos, para hacer lo que acaba de hacer. Un pequeño grito escapa de su boca:

—¡Ay! Mi madre estará furiosa.

La escena cambia de pronto: Rapunzel está sentada con un lirio en sus manos, se la nota pensativa:

—No es tan malo, ¿verdad? Si no se entera, no le hará daño...

Nuevo cambio de escena, Rapunzel en una cueva apenas iluminada:

—¿Qué voy a hacer? Esto la destrozará...

Rapunzel jugando con los pájaros:

—¡Esto es muy divertido!

Rapunzel apoyada en un árbol, cabizbaja:

—Soy una pésima hija... Voy a volver...

Rapunzel rodando por la ladera:

—¡No voy a volver jamás!

Rapunzel tendida boca abajo en la hierba, llorando, con el rostro entre sus manos, resistiendo la tentación de dar el paso atrás, sosteniendo su actitud con valor y enfrentando el sentimiento de culpa que su educación ha sembrado en ella.

Ir más allá de los mandatos paternos y maternos es doblemente difícil. Requiere el desafío de soportar causarles algún dolor a nuestros padres y el desafío de asumir la responsabilidad por lo que nos suceda de allí en adelante.

Hemos «desobedecido» o simplemente «elegido otra cosa» o, aun de forma más sutil, lo hemos hecho «a nuestro modo», y por ello hemos perdido su amparo. Estamos ahora a la intemperie, expuestos a los peligros del afuera..., porque los hay, seguro que los hay.

En general, las madres como Gothel no dicen mentiras, solo se ocupan de repetir verdades a medias o de exagerar algunas verdades no tan agradables. Nos guste o no, es cierto que en el mundo real, nunca TODO es maravilloso al mismo tiempo. Nunca todos nos querrán y serán impecables y buenos con nosotros. Nunca el mundo en conjunto se pondrá de acuerdo para protegernos de cualquier mala jugada...

De hecho, los terapeutas hemos escuchado, más de una vez, la queja de hijos que reclamaban a sus padres haberlos cuidado demasiado, no haberlos frustrado cuando debieron hacerlo, no haberles permitido aprender de las consecuencias de sus actos, porque (en el afán de que no sufrieran) habían absorbido todo el daño que los actos de los hijos habrían causado.

En ese sentido, creo, mis padres no se equivocaron.

Yo siempre tuve una relación bastante fluida con el estudio y demás tareas académicas. No recuerdo que mis padres tuvieran que perseguirme para «hacer los deberes» o para «ir a la escuela». Era algo de lo que me ocupaba yo solo. Y no es que me fascinara la «tarea para el hogar» o que no me gustara el tiempo libre: tengo bastante presente la imagen de ponerme contento si un día no había deberes o si la lluvia torrencial nos obligaba a quedarnos en casa. ¿Qué explicación tenía entonces este grado de responsabilidad? «¿Cómo lograron tus padres esta maravilla?», podría cualquiera preguntarme, si quisiera darles todo el crédito a ellos, sin dejar nada de mérito para mí... (y qué injusto sería).

Mis dos hijos iban a la misma escuela primaria, el Colegio Municipal N.º 4 de Haedo, a cinco calles de nuestra casa. Una escuela de barrio, con paredes un poco despintadas, bancos de barniz degastado y maestras de gran vocación, muy afectivas, como a mi esposa le gustaba y muy poco exigentes, como me gustaba a mí.

Quizás por esta combinación, alrededor del tercer grado, ambos comenzaron a volverse remolones en el tiempo de estudiar y en el de hacer «los deberes». Progresivamente su mamá fue asumiendo toda la responsabilidad del rendimiento escolar de los niños y se autonombró policía doméstico de lunes a lunes.

¿Hiciste los deberes?

¿Terminaste el mapa?

¿Estudiaste para geografía?

¿Aprendiste la poesía?

¡Ven que te pregunto las tablas...!

Una situación que por supuesto suponía roces, discusiones y malos humores.

Yo, por mi parte, siempre me había opuesto a esa línea de padres persecutorios. Así que tanto por mi esposa, como por ellos, y sobre todo por la armonía doméstica, un día le propuse a mi socia en su educación la travesura de intentar devolverles a nuestros hijos, de siete u ocho años, la responsabilidad total de su escolaridad.

Mi propuesta era: hablaríamos con ellos y les explicaríamos que, a partir de ese momento, el estudio, los deberes y las notas serían su decisión y los resultados, su responsabilidad. Después de conversarlo bastante, convinimos en intentarlo por lo menos hasta fin de ese año. Y allí nos largamos a hablar con nuestros hijos. La promesa era clara, ni su madre ni yo volveríamos a pedirles nunca más que estudiaran o hicieran su tarea, eso sería un asunto de ellos.

Ellos escucharon y acataron con más sorpresa que alegría nuestro anuncio y mi esposa decidió ser fiel a nuestro pacto, preguntándose cómo haría para poder controlarse, si mis hijos se encaminaban a repetir el grado.

Nuestro plan pronto sería puesto a prueba.

Una tarde de jueves, mi mujer llegó de hacer unos trámites y encontró a Demián, muy orondo, tumbado en el sillón, viendo la televisión (a la hora que usualmente era hora de hacer los deberes).

Como si fuera incidental, ella le preguntó:

—Qué tal, hijito, ¿qué ves?

—Dibujitos —contestó Demián.

—¿No tienes deberes?

—Sí... Pero después los hago.

—¿Después cuándo? —preguntó su mamá en una sutil semiviolación a lo pactado.

—Papá dijo que nosotros podíamos decidirlo —argumentó el malvado, que no se la iba a dejar pasar así como así.

—¡Ah!..., es verdad. Yo solo pregunto. ¿Y no sería mejor hacer los deberes ahora y ver la tele después?

—No —dijo Demián, con más sinceridad ingenua que rebeldía.

—De acuerdo —dijo mi esposa mordiéndose un poco los labios, según después me confesó.

El «después» nunca llegó y nuestro hijo fue al colegio con los deberes sin hacer.

A veces las cosas no salen como uno las planea.

Y al día siguiente, la maestra no pidió la tarea encomendada. Demián había hecho su antojo, sin tener que pagar ni siquiera un pequeño precio por ello.

A veces las cosas no salen como uno las planea y a veces hay que ayudar a que sucedan.

Esa noche hablamos con mi esposa de lo que estaba pasando y juntos elaboramos una estrategia. A la mañana siguiente, antes del horario de entrada a la escuela, mientras en casa todos terminaban su desayuno, yo fui hasta la escuela para hablar con la maestra y a ponerla al tanto de lo que pasaba. La mujer comprendió rápidamente nuestro plan y estuvo de acuerdo en ayudar. Después, durante la clase, según nos contó Demián compungido, la maestra pidió a tres o cuatro niños los deberes del día anterior, entre ellos a Demián, que por supuesto no los tenía. Como era de prever, Demián volvió a casa trayendo en su cuaderno de tareas un cero, el primero y el último de su vida de estudiante.

Dicen mis padres que, a partir de ese día, jamás tuvieron que ir detrás de mí para conseguir que atendiese a mis responsabilidades escolares ni, luego, académicas y que otro tanto pasó con mi hermana, a pesar de que ella nunca necesitó del cero. En lo personal, yo aprendí que me gustaba sacar buenas notas y, conociéndome, seguramente también me di cuenta de cuánto me gustaba que la maestra «me tuviera en su lista de preferidos» (de algún modo, la nota podría ser una medida del amor que la maestra nos tiene... «¡¡A ti te quiero diez!!», «A ti, tan solo siete», «Y a ti, casi nada: uno»). Yo aprendí en aquel episodio lo que supongo era el sentido de la actitud, un tanto cuestionable de mis padres, que si quería recibir lo que pretendía, tenía que trabajar un poco en pos de ello y hacer la tarea (cualquiera que fuera la tarea en cada caso) y que era mejor si en lugar de hacerlo para complacer a mis padres, lo hacía por mí.

Está claro que a veces los padres aciertan con la conducta que desencadena el resultado esperado, y es igual de claro que esta respuesta no se apoya solo en la estrategia acertada de los padres, sino también y sobre todo en el terreno fértil al aprendizaje deseado que aporta el niño o la niña. En el ejemplo, ¿qué hubiera pasado si al niño no le importara ni un poquito una mala nota?, ¿si el cariño o la preferencia de sus maestras no fuese un tema de su interés?, ¿o si no hubiera sentido que la preferencia o el afecto tenían algo que ver con su calificación? Es decir, ¿qué hubiera pasado si sacar buenas notas no fuera motivación suficiente para él? ¿Qué deberían haber hecho sus padres? Excelentes preguntas de las que pretendemos ocuparnos aunque sea parcialmente en el capítulo sobre educación, ojalá de una manera que también genere tus dudas y tu interés. Por ahora, solo nos importa remarcar los beneficios de animarse a dejar que un hijo pase algún dolor, algún mal momento, si este conduce a un darse cuenta beneficioso para él y para su futuro.

Los padres de este relato verídico pueden parecer algo crueles, pues no solo no evitaron a su hijo el mal trago, sino que además se aseguraron de que lo atravesara. Sin embargo, podemos asegurar que no lo fueron, ellos creyeron que ese era un mal trago que su hijo podía resistir y que el crecimiento que obtendría a cambio, anclado a esa pequeña pena, era muy superior y más importante que el transitorio dolor de la mala nota (más allá de que, además, se la merecía).

Comparemos esta supuesta crueldad con la actitud de aquellos padres que, como norma, «encubren» a sus hijos, que los ayudan a urdir mentiras o a escapar «cueste lo que cueste» de las consecuencias de sus propios actos. En su mayoría no lo hacen por ser portadores de morales «laxas», sino porque se sienten incapaces de tolerar el más pequeño sufrimiento de sus hijos, lo cual parece más que tierno; sin embargo, en el intento de ahorrarles dolor, les escamotean el aprendizaje, que difícilmente pueda llegar sin algo de aquello. Flaco favor les hacen, dejándolos cada vez más desvalidos, sin recursos, sin herramientas ni armas para afrontar los conflictos que habrán de surgir más adelante, cuando sus padres ya no estén allí para atajar los golpes o cuando la naturaleza misma de las dificultades haga que nadie más que ellos mismos puedan resolverlos.

Y volvemos, casi sin querer, a ese momento.

El desprendimiento de los hijos es doloroso para ambas partes. Los padres deberemos afrontar el desafío de verlos partir y confiar en que podrán hacerlo sin nosotros y que lo harán bien (y hasta quizás mejor). Los hijos deberemos soportar el dolor de abandonar a los padres sabiendo (como no puede ser de otro modo) que no será fácil para ellos perdernos, ni para nosotros algunas primeras veces sin su ayuda.

En *Enredados*, Rapunzel solo consigue liberarse del encierro en el que ha estado cortándose el pelo. Y puesto que el largo cabello de Rapunzel lleva consigo el hechizo por el cual su madre se mantiene siempre joven, cortarse el pelo equivale a dejar envejecer a la madre, de alguna manera, a aceptar que Madre Gothel morirá y que ella, Rapunzel, continuará viviendo.

Una vez más, lo interesante es que a pesar de todas las barbaridades que su madre le ha hecho pasar y de que ya ha descubierto que no es su madre biológica, para Rapunzel este paso será de igual modo un momento muy difícil y no exento de dolor.

LO MEJOR QUE PUDIERON

En ocasiones sucede que, después de enfrentarnos a los errores o carencias de nuestros padres, nos quedamos aferrados al enojo hacia ellos. Este enfado se produce, a nuestro entender, cuando no acabamos de aceptar sus limitaciones y no nos atrevemos a abandonar la imagen de ellos como personas intachables.

En algunas ocasiones, es simplemente el miedo a la incertidumbre que nos genera este nuevo espacio de libertad personal lo que nos disuade por un momento de seguir adelante en nuestro camino de independencia. En otras, una mal entendida lealtad que tenemos para con ellos, por todo lo que nos han dado desde niños, nos hace sentir que es una especie de traición el ver sus carencias como padres, aun si esto sucede en nuestro futuro como adultos. Si yo creo que mis padres lo sabían y lo podían todo, me será difícil o imposible admitir una falla en mi educación, un hábito mal enseñado o un mandato nocivo. Y concluiré en consecuencia que soy un inútil que no pudo comprender sus enseñanzas o que no me querían suficiente para enseñarme las mejores cosas... ¡¡Qué espanto!!

Cuando, por el contrario, comprendemos que nuestros padres, además de padres nuestros son también hombres o mujeres, hijos a su vez, empleados de un banco o profesionales o comerciantes y muchas otras cosas, podemos entrever que en cómo nos han criado no han podido más que poner en juego toda esa serie de cuestiones personales, que han hecho de ellos esas personas que son o fueron.

Podremos entender entonces que sin lugar a dudas «lo hicieron lo mejor que pudieron». Y esto SIEMPRE es la pura verdad, válida para los mejores y ejemplificadores padres y para los peores y más terroríficos casos.

Podría yo decir de los tuyos, de los míos y de todos los padres del mundo, incluido yo, sin temor a equivocarme:

> *«Nosotros, los padres, no pudimos hacerlo mejor.*
> *Con lo que sabíamos, con lo que teníamos,*
> *quisimos, probamos, intentamos...,*
> *algunas cosas nos salieron bien y otras no».*

La pena que puede generarnos pensar a nuestros padres de este modo, nos protege de un mal mucho mayor que es el resentimiento hacia ellos. Se dice habitualmente que no sirve de nada culpar a los padres y es cierto, pero esto no quiere decir que debamos hacernos los tontos respecto de sus limitaciones y carencias. Como hijos, nuestra tarea será la de identificarlas para poder nosotros mismos decidir qué queremos hacer con esos aspectos.

Para aquellos que a su vez nos hemos convertido en padres, el desafío será el de soportar que nuestros hijos se decepcionen de nosotros, recordando que esto es lo mejor para todos y que eso hablará de que hemos hecho un buen trabajo.

Después de tanta vuelta, nos quedaremos con la misma frase de Oscar Wilde con la que empezamos este capítulo:

> Nos han amado,
> nos han juzgado y,
> con algo de suerte,
> nos perdonarán.

4

LA HERENCIA

EL «CONO DE LUZ»

Cuando estaba por terminar la secundaria, me enfrenté, como muchos jóvenes, con la pregunta de qué iba a estudiar. Y digo *como muchos jóvenes* y no *como todos*, porque me parece que en esta pregunta ya había algunos condicionantes, decisiones previas (no necesariamente iguales a las de todos) que yo había tomado mucho tiempo antes, sin darme cuenta siquiera de que lo había hecho. Eran resultado, claro, de mi educación.

Yo no me preguntaba, por ejemplo, si estudiar o no; esa no era una cuestión. Ni siquiera pasaba por mi cabeza la idea de no tener una carrera universitaria. Eso no estaba dentro de mi cono de luz, era una opción impensable y, por ende, imposible.

¿Y de dónde si no de los padres puede provenir un condicionamiento así?

Pero entiéndaseme, no se trataba de una prohibición. No es que mis padres me hubiesen machacado una y otra vez: «Tienes que estudiar..., tienes que ser universitario..., si no lo haces te morirás de hambre...». No. Posiblemente, si me hubiesen dicho eso, la opción estaría en mi cabeza, teñida de un valor negativo (o de un valor positivo si yo estuviese con muchas ganas de rebelarme), pero estaría allí, podría al menos pensar en eso... Este condicionamiento era mucho más radical, más arcaico e inapelable.

No es difícil imaginar que desde pequeño se me preguntaba: «¿Y qué vas a estudiar cuando seas mayor?», «¿qué vas a seguir?», «¿ya pensaste qué carrera elegirás?». Si se te pregunta *«¿qué carrera vas a seguir?»*, está claro que la opción de *no seguir estudiando* queda fuera del mapa de posibilidades.

Es verdad. Si le preguntaran a alguien que nunca ha tomado una infusión: «¿Quieres té negro o manzanilla?», sería realmente difícil para esa persona decir: «Bueno, yo quisiera un café cortado», porque la pregunta parece sugerir que solo hay té (y más aún, que ni siquiera hay opción de no beber nada). Pero yo puedo jurar que la intención no era la de condicionar, aunque hoy, escuchando a mi hijo, no dudo de que mi actitud fue condicionante. Y entonces ¿cómo sucedió? La respuesta es simple, aunque quizás algo inquietante: mi pregunta también era resultado de un condicionamiento previo. Por iguales o diferentes razones, que mis hijos NO *estudiaran estaba fuera de cuestión. Era algo para mí obvio, previsible y lógico. Cualquier otra opción era, también para mí, «impensable e imposible». Sin embargo, estoy casi seguro de que si cualquiera de mis hijos hubiera dicho que «prefería tomar café», es decir, que había decidido no seguir estudiando, yo hubiera argumentado en contra de esa decisión, pero también creo que finalmente la hubiera acompañado, con la misma devoción con la que intenté acompañar su decisión de estudiar.*

Como padres, tenemos que tener presente el efecto poderosísimo que sobre nuestros hijos tienen los supuestos, prejuicios e ideales que llevamos a cuestas, porque eso determinará qué cosas «iluminamos» con preferencia con nuestros dichos, con nuestro ejemplo, con nuestra atención y con nuestros intereses. Nuestra mirada definirá no solo el «cono de luz» dentro del cual nuestros hijos habrán de moverse con comodidad, sino que también dejará en la oscuridad aquellos caminos que no deseamos para ellos, así como aquellos que, por nuestra propia educación, nunca han sido opción para nosotros.

Aun así, debemos saber y recordar que lo mejor para nuestros hijos (como para cualquiera) siempre será poder decidir lo que quieren para sus propias vidas, en un entorno en el que el abanico disponible e iluminado sea el mayor posible y en el que cada posibilidad sea una opción.

Es innegable que a los hijos les cabe la responsabilidad de haber decidido lo que finalmente decidieron (más cuanto mayores sean), pero creemos que padres y madres no podemos desentendernos de que lo que un hijo haga con su vida es también, en parte, nuestra responsabilidad. La influencia que los padres ejercemos sobre los hijos es fuerte y no deberíamos menospreciar los efectos que nuestras palabras y actitudes tienen en ellos. Tanto si los empujan a emularnos como si los lanzan a hacer lo posible para no parecerse en lo más mínimo a nosotros.

Por eso, si alguna vez sucede (y podemos asegurar que sucederá más de una vez) que un hijo nos sorprende porque lo notamos coqueteando con alguna decisión que consideramos perjudicial para su vida o dañina para otros, resistamos la necia e ingenua tentación de echarles rápidamente la culpa a las malas compañas («¡que lo llevan por el mal camino!», como sentenciaría mi abuela) o a algún noviecito pasajero («¡Un chico que no es para ella!»). Detengámonos más bien a considerar el sentido y significado de este coqueteo; con qué actitudes nuestras (no de ellos), con qué quejas, con qué secretos anhelos, hemos propiciado o insinuado este camino que hoy tanto desaprobamos.

Es solo apenas exagerado decir que puede medirse el éxito de los padres como tales en función de lo bien que le va a su hijo en la vida. ¿Y qué quiere decir «lo bien que le va en la vida»? Sencillamente: lo feliz que es y lo adecuadamente que se maneja para lidiar con las condiciones que le han tocado en suerte.

Hace algún tiempo, un paciente nos contó una historia con la que se había topado y que se le había quedado grabada desde entonces. Tampoco nosotros hemos podido olvidarla desde que nos la relató. Es una historia dura, pero no es en vano compartirla.

Sucedió que él, que trabajaba en relación con el poder judicial, tuvo que acompañar una vez a un grupo de policías y fiscales a hacer una detención de un joven a quien se le acusaba de tráfico de drogas (aunque a una escala bastante menor). Los agentes de la ley irrumpieron en la casa del supuesto traficante, una humilde casita en las afueras de la ciudad, y lo encontraron sentado a la mesa, almorzando tranquilamente con sus padres. Un hombre y una mujer ya mayores, el padre vestido con el uniforme militar que, mi paciente supuso, había usado todos los días durante muchos años y continuaba usando aún entonces, ya probablemente retirado. Los policías exhibieron la orden de allanamiento y registraron la casa. Encontraron, en la habitación del hombre, una moderada cantidad de sustancias ilegales envasadas y preparadas para ser vendidas y, ante la mirada estupefacta de sus padres, lo arrestaron.

Nuestro hombre contó que, mientras esposaban al joven, él no podía dejar de mirar al padre del muchacho: paralizado allí, junto a la mesa, de pie en su uniforme militar, la decepción y la incredulidad se adivinaban en su rostro. Se suponía que no debía hablar con los detenidos, pero nuestro amigo no pudo contenerse:

—Mira a tu viejo —le dijo al detenido en tono de reproche—. ¿Ves la cara que tiene?

El otro respondió en tono firme, como si la respuesta viniese desde muy dentro de sí, con una convicción inapelable. Ya esposado y mientras se lo llevaban:

—Mi padre... hace cuarenta años que está así, detenido en el mismo lugar miserable... Yo no quiero eso para mí.

Nuestro paciente contaba siempre cuánto aquella respuesta lo había golpeado. Para él, según dijo, había sido como si lo despertaran con una sonora bofetada. Desde su propia escrupulosidad y teniendo en cuenta su conmiseración respecto de sus propios padres, había querido con su comentario decirle al joven delincuente: «¿Ves lo que les estás haciendo a tus padres?». Pero la respuesta del hombre había dado directo en su corazón, porque muy claramente le había dicho: «¿Y tú ves lo que ellos han hecho de mí?».

SER HIJO DE...

Retomo lo que había empezado a contar.

Me preguntaba qué estudiar. De pequeño había soñado con ser científico (me imaginaba a mí mismo pasando un líquido de un tubo de ensayo a otro, mientras el nuevo compuesto despedía un extraño humo o cambiaba de color) y al comenzar la secundaria había fantaseado con ser historiador (me habían fascinado las culturas antiguas: Egipto, Babilonia, Grecia...). Sin embargo, ahora que tenía que definir «de verdad» a qué iba a dedicarme el resto de mi vida (así lo pensaba en aquel momento), solo tenía tres opciones que consideraba seriamente: filosofía, psicología o medicina (esta última con miras a especializarme en psiquiatría).

Descartar filosofía fue más bien fácil, pues yo quería estudiar algo que me permitiera luego vivir de ello y tenía dudas de que pudiera ganarme la vida en Argentina trabajando como filósofo (un prejuicio tal vez, pero así fue como lo pensé). Me quedaban entonces dos opciones: psicología o psiquiatría, y lo cierto es que se trataba más bien de elegir qué camino era mejor para llegar a un mismo lugar, pues, por una vía u otra, yo sabía que quería dedicarme a la atención de pacientes en psicoterapia. Con aquella duda fui a hablar con mi padre y a pedirle su opinión. Como él era psiquiatra y terapeuta, y yo confiaba en su mirada, aquello tenía mucho sentido. Hablamos un largo rato al respecto y él se inclinó porque estudiara medicina y luego psiquiatría. Tenía varias razones para ello, tanto objetivas como subjetivas, y denunció con honestidad ambas. Entre las primeras: que en el mundo que venía él preveía que un psiquiatra tendría menos dificultades para insertarse laboralmente que un psicólogo, que ser médico tenía su importancia para tratar la salud de las personas, aunque uno no fuera a centrarse en lo físico, y que siendo psiquiatra siempre podría aprender luego las herramientas del psicólogo, mientras que lo inverso no era demasiado probable (de hecho, según la ley de mi país, no podría prescribir fármacos, por ejemplo). Entre las razones subjetivas, no me ocultó que a él le halagaba y le agradaba que yo eligiese seguir la misma carrera que él. Sostuvo que la carga de estudio, tiempo y dedicación que la medicina requería era compensada holgadamente por las satisfacciones que brindaba. Por último y como para coronar sus argumentos, dijo: «Para mí, ser médico sigue siendo la mejor profesión del mundo».

Aparentemente esa conversación terminó de inclinar su balanza hacia la medicina, que hoy puedo confirmar que era y es su auténtica vocación. De modo que, para mi orgullo y satisfacción (que intenté ocultar todo lo que pude), allí fue mi hijo a matricularse para comenzar medicina en la Universidad de Buenos Aires.

Siguieron tres años de microscopios, cadáveres disecados y fórmulas que, he de confesar, contra todo pronóstico él disfrutaba bastante (mucho más de lo que yo recordaba haber disfrutado en mis tiempos).

Pero luego, cuando se acercaban los últimos tramos de su carrera y con ello (algo inevitable en la medicina de hoy) la necesidad de elegir definitivamente el rumbo de una especialidad, de pronto, mi nombre y apellido cobraron una desmesurada notoriedad en Argentina a raíz de mis libros que se hacían cada vez más conocidos y, sobre todo, a raíz de un breve pero intenso paso por la televisión: dos años de un programa diario sobre temas de salud mental en televisión abierta hicieron de mí un personaje definitivamente público.

Todo ello configuraba para mí una situación difícil de manejar, que se evidencia bastante bien en el siguiente diálogo que, con variantes menores, tuve muchas veces en aquel período:

—¿Cómo te llamas? —me pregunta alguien a quien acabo de conocer.

—Demián Bucay.

—¿Bucay? ¿Eres familia del escritor?

—Sí, es mi padre.

—¡Ah! —exclama el otro con admiración. Luego hace una pausa, dirige apenas el mentón hacia un lado mientras entrecierra los ojos con sospecha, y pregunta—: ¿Y tú qué estudias?

—Medicina —digo yo, que ya sé lo que sigue.

—Mmm... —se relame el otro—. ¿En qué año estás?

—En cuarto —digo yo, sintiendo que le sirvo en bandeja un centro que él solo debe cabecear para clavarme un gol por la escuadra.

—¿Y qué especialidad vas a seguir? —«... el jugador chuta la pelota...».

—Psiquiatría —«... el arquero se lanza, parece que no alcanzará a desviar el lanzamiento...».

—¡Aaah! ¡¡¡Como tu papá!!! —«... ¡Gooooooooool! ¡¡Gol!! ¡Golazo, por toda la escuadra! El arquero queda tendido en el suelo. Mírenlo allí, pobre desgraciado, mordiendo el polvo de la derrota..., todo su esfuerzo ha sido inútil, qué indignidad...».

Tal vez exagero un poco con la metáfora futbolera, pero no demasiado. Aquellos intercambios eran bastante duros para mí. No podía evitar acabar con la sensación de que había quedado expuesto lo peor de mí, en lo más débil, lo más indigno. Tanto es así que por aquellos tiempos intenté con varias estrategias de «defensa», todas más o menos ingeniosas, todas más o menos inefectivas. Por ejemplo, esta:

—¿Eres pariente de Jorge Bucay?

—Sí, es un tío lejano.

O esta otra, casi agresiva:

—¿Qué eres de Bucay, el escritor?

—Yo de él no soy nada, él es mi padre.

Pero por supuesto, si bien en ocasiones conseguía escapar a la incomodidad del momento o lograba al menos que mi interlocutor se sintiese igual de incómodo que yo, estos artilugios no conseguían acallar una inquietud que crecía dentro de mí: ¿podría yo alguna vez dejar de ser «el hijo de Jorge Bucay»? ¿Podría, alguna vez, llegar a ser reconocido por lo que yo era o estaba condenado a ser para los demás la sombra que otro, mi padre, proyectaba sobre mí? Este cuestionamiento me producía una profunda angustia. A su vez, la inquietud se expresaba también en términos más concretos, pues comencé a cuestionarme: ¿había elegido ser psicoterapeuta porque era lo que yo auténticamente deseaba o por mera influencia de mi padre? ¿Quería ser, como él, terapeuta o quería ser terapeuta-como-él? Esta segunda opción, es decir: que él fuera la causa de mi elección, me resultaba aborrecible.

Me inundaba la sensación de que, si continuaba por el camino que venía, no podría jamás escapar a la comparación con mi padre y que, para peor, siempre perdería en aquel duelo. Por momentos me envalentonaba y me decía: «Yo puedo superarlo», pero la convicción poco duraba y al cabo ya regresaban las dudas y el malestar. Entonces decidí, en algún momento, cambiar de especialidad. Si hago algo distinto, me dije, estaré menos expuesto a las comparaciones. Comencé entonces a ensayar otras posibilidades: cirugía, diagnóstico por imágenes... Quizás valga la pena notar aquí que las opciones que se me aparecían, si bien me agradaban y aún lo hacen (la cirugía, por ejemplo, me parece admirable) estaban, de alguna manera, en el extremo opuesto de la psiquiatría: si la salud mental es la especialidad médica que menos se ocupa del cuerpo y más de las palabras, en la cirugía y en el estudio de las imágenes, la palabra está notablemente ausente, allí no se habla con el paciente, se trata del puro cuerpo. Tal vez ese podría haber sido un indicador de que estas nuevas opciones eran una reacción y no una verdadera elección. En todo caso, en aquel momento, yo no supe verlo...

Lo que sucedió fue que, mientras pensaba en seguir alguna otra especialidad, la universidad dejó de interesarme en gran medida: mis calificaciones bajaron, me costaba un gran esfuerzo ir a las clases y, sobre todo, me aburría... Esta comprobación, sumada al trabajo que venía haciendo en terapia (había comenzado un tiempo atrás) me hicieron entender que debía volver a mi camino original. En algún momento comprendí que si yo dejaba de estudiar psiquiatría porque mi padre era psiquiatra era tan tonto como si lo hacía exclusivamente por eso. Cuando la perspectiva de ser psicoterapeuta volvió a estar en el horizonte y ahora (como suele suceder con las cosas de las que uno duda y vuelve a elegir) con renovada fuerza, los «problemas» con la facultad desaparecieron.

La gente, por supuesto, seguía preguntándole a mi hijo qué estudiaba y a mí qué estudiaban mis hijos, sonriendo con complicidad al comprobar la coincidencia de la profesión elegida por los tres. Sin embargo, para Demián dos cosas habían cambiado. La primera: él comprendió que la mayoría de la gente lo hacía sin mala intención y que, en general, se alegraban de esa coincidencia (y, según mi propia experiencia como padre, escondiendo en su alegría algunas veces, un pequeño tufillo de envidia, en algunas ocasiones de la buena y en otras de la no tan buena). El segundo cambio, aún más importante, fue que a él ya no le afectaba. Sabía dentro de sí que no había elegido psiquiatría porque *yo era psiquiatra, sino* porque *era lo que él auténticamente deseaba (y agrego yo algo que hoy acordaríamos sin dudar: hasta cierto punto* a pesar *de que su padre era un famoso psiquiatra).*

Mi hijo había conquistado la certeza y la convicción de las cosas que se eligen con todo tu ser y lo que los demás pensaran, si bien no dejaba de importarle (siempre desconfío de la gente que dice «a mí me importa un bledo lo que los demás piensen»), jamás conseguían perturbarlo. Según me contaba, cuando le importaba realmente la opinión de alguien, se tomaba el trabajo de contarle toda esta historia.

SER HIJO

Uno podría creer que nuestro «problema» era particularísimo, que solo se repetía en aquellos casos en los que los hijos «seguían los pasos» de sus padres y muy especialmente cuando estos últimos habían logrado grandes cosas en su desempeño... Pero no es así. La situación por la que habíamos tenido que atravesar no era sino una versión particular de una problemática universal que podríamos llamar «el problema» de «ser hijo». Porque siempre se es hijo de alguien (famoso o anónimo, respetable o infame, triunfador o fracasado).

Para cada hijo, el proceso de descubrirse tiene condiciones únicas y se va desarrollando enredado a los distintos rasgos de personalidad y a la historia personal, tanto del hijo como del padre. En esta madeja, los jóvenes acaban, demasiadas veces, por confundir las circunstancias aleatorias con el problema de base.

Así le sucede al joven estudiante de nuestro ejemplo, que supone ver el conflicto en el desafío que le plantea el éxito de su padre, cuando, en realidad, el problema central está en su necesidad de encontrar el propio camino; una necesidad común a todo hijo que va dejando de serlo. Así le sucede también a la joven adoptada que al llegar a la adolescencia comienza a tener conflictos, diferencias y dificultades con sus padres (como les sucede a todos los jóvenes de su edad), pero interpreta que eso se debe a su condición de hija adoptiva y emprende a partir de allí la búsqueda de sus padres biológicos, no desde el saludable lugar de encontrar sus raíces, sino desde el fantaseado ideal de creer que ellos (los *otros padres*) sí podrían comprenderla cabalmente. Esta joven no se percata de que los enfrentamientos que tiene con sus padres adoptivos son los que todo hijo debe atravesar necesaria y sanamente, ni de que el que los tenga en su hogar de adopción es la prueba de que estos, con los que convive a diario, son sus «verdaderos padres» y es con ellos con quienes debe dirimir estos desencuentros.

Este proceso de desarrollo de la propia identidad es arduo. Pues «ser hijo de» no solo nos habla de un tipo de vínculo sanguíneo, sino que tradicionalmente supone también un «estar por debajo de...» o un «estar subordinado a...». (En el argot futbolero, cuando un equipo ha derrotado muchas veces a un rival, los simpatizantes del ganador se burlan de sus rivales cantando desde la grada canciones y rimas que suelen incluir el mote de: «hijos nuestros».) Se instala entonces, de modo más o menos natural, la idea de superar a los padres.

Superar a los padres

Este intento trae aparejados varios problemas. En primer lugar, porque es bien difícil para un hijo definir qué parámetro utilizará para medir quién está por encima de quién. ¿Qué es ser mejor que el padre? ¿Ser más exitoso, más famoso, ganar más dinero? ¿Estar más presente para la familia, ser más afectuoso, más atento? Según nuestra experiencia terapéutica, es muy difícil que un hijo pueda saber, a ciencia cierta, si ha superado a su progenitor. Siempre habrá una voz interna suya que clamará, por ejemplo: «Has conseguido más éxitos que él, es verdad, has viajado a China cuando él, que siempre lo había deseado, nunca lo consiguió, es cierto..., pero ¿qué hay de lo verdaderamente importante?...». Siempre habrá algo más, algo que no se ha conseguido en la misma medida y que es suficiente para hacer dudar de esa superioridad.

En segundo lugar, la intención de superar a un padre nos lleva inevitablemente a competir con él. Y no se puede competir estando del mismo lado. Si competimos somos rivales, estamos en bandos opuestos. Cualquier colaboración que quieras darme es sospechosa o indigna. ¿Si un rival ayuda a otro, no es acaso como si le estuviese dejando ganar? ¿Qué mérito hay en eso? Si yo voy a superarte, debo hacerlo sin tu ayuda (ya que tampoco contarás con la mía: ¿qué clase de estúpido crees que soy?). Así, nos convertimos de algún modo en enemigos, puede ser que en apariencia todo esté fantástico e incluso que nos amemos mucho, pero en el fondo no deja de correr un río cargado de rencores y recelos. Difícilmente puede una relación así resultar nutritiva para el hijo, o para el padre.

Por último, creemos que cualquier intento de superar a los padres está destinado siempre al fracaso. ¿Por qué? Porque su ruta recorre necesariamente el camino de la imitación, y quien imita es un seguidor, nunca un líder.

Dicen que George Gershwin, el maravilloso músico y compositor, admiraba muchísimo a Ravel. Decía a quien quisiera escucharlo que algún día lo dejaría todo en Nueva York y viajaría a París para estudiar durante un par de meses con su admirado músico.

Finalmente llegó el día en que se impuso a sí mismo ese encuentro y, cancelando todos sus compromisos, viajó para encontrarse con Maurice Ravel.

—Maestro —le dijo—, mi nombre es George Gershwin. Soy músico de jazz y he venido desde el otro lado del mundo para pedirle que me enseñe qué puedo hacer para llegar a tocar y componer como usted.

—Querido amigo —dijo el músico francés—, ¿por qué quiere usted actuar como un Ravel mediocre, si puede llegar a ser un magnífico Gershwin?

Negar a los padres

La mayoría de los hijos llegan, más tarde o más temprano, a este punto y comprenden que la competencia es tóxica, por un lado (deteriora la relación), e infructífera, por otro (nunca podrán ganar). Frente al fracaso de esta tentativa, muchas veces aparece otra, quizás tan universal como la anterior: el intento de negar al padre o, al menos, su influencia en nuestra historia.

Negar a los padres no llega, en general, al extremo de literalmente pretender no ser su hijo, pero sí aterriza en la forzada idea de que no hay siquiera un poco de ellos en uno. Es como si se dijese: «Todo lo que tengo, malo o bueno, poco o mucho, lo he hecho yo. No le debo nada a nadie. Me lo he ganado. Es mi propio mérito»..., «¡y ni siquiera creo en la genética!». Este es un discurso que en los últimos tiempos ha ido ganando gran aceptación y que impresiona como muy admirable. Encarna ideales de honor, de nobleza y de dignidad que, por lo general, nos agradan bastante.

¿No era eso acaso, el deshonor, lo que yo intentaba evitar cuando pensaba en ser cirujano? ¿No podría yo, de haber continuado ese camino, decir hoy orgulloso: «Todo lo que tengo, poco o mucho, lo he conseguido por mí mismo», mientras sostuviera el bisturí en una mano y un trozo de intestino todavía sangrante en la otra? De seguro que sí, y no mentiría. En lugar de eso, estoy aquí, escribiendo un libro junto con mi padre, corriendo el riesgo de que algunos piensen: «Miren al tipo este, se ha colgado de las pelotas del padre». ¿Y por qué he decidido correr ese riesgo (no menor ni inocuo, por cierto) teniendo una salida tan noble a mi disposición? Pues porque supe, sé, que no hubiese sido feliz por ese camino; o, al menos, no hubiese sido tan feliz como soy hoy; o, en el mejor de los casos, hubiese requerido un gran viraje de corrección de rumbo más adelante...

Les debo a José Rehin (quien me la contó a mí) y a Hugo Dvoskin (quien la comenta en su libro *De la obsesión al deseo*) haberme hecho llegar una historia que me ayudó enormemente para comprender la futilidad de esta postura supuestamente honorable. Se trata de un fragmento de la novela *Gracias por el fuego*, del escritor uruguayo Mario Benedetti. Allí se cuenta la historia de Ramón Budiño; en la presentación del personaje, Benedetti ya nos instala en el medio de la cuestión. Alguien escucha el nombre de nuestro protagonista y le dice:

—¿Es algo de Edmundo Budiño?

—Soy su hijo —dice Ramón.

—¿Edmundo Budiño, el del diario?

—Sí, señora, el del diario y el de la fábrica.

—¡Ah! —dice otro—. Entonces usted es todo un personaje.

—En todo caso, el personaje es mi padre. Yo *solo* tengo una agencia de viajes.

En el «yo solo tengo una agencia» podríamos ya escuchar que Ramón tiene un juicio negativo sobre sí mismo: piensa que ha conseguido poco. ¿Poco con relación a qué? Pues a lo que ha logrado su padre, por supuesto. Confirmaremos esta sospecha más adelante en la novela, pues nos enteraremos de que esa agencia de turismo, que está muy bien ubicada en el centro de Montevideo y que vale una fortuna, es un regalo que Budiño padre le ha hecho a su hijo. En determinado momento, Ramón, que quiere dejar de ser «hijo de...», decide devolverle la agencia a su padre. «Yo no he hecho nada para merecerla, no me la he ganado, la tengo tan solo porque soy el hijo de Budiño —piensa Ramón—; de modo que prefiero no tenerla». Va a ver su padre y le dice que no quiere la agencia. El padre le responde de un modo que no carece de crueldad, pero tampoco de agudeza; le dice: «Si tú devuelves esa agencia, lo haces solo porque eres el hijo de Budiño». Se entiende: nadie que no sea el hijo de Budiño rechaza una fortuna como esa. De este modo, Ramón queda atrapado: tener la agencia lo confirma como «el hijo de Budiño»; rechazarla, también. Ramón comienza entonces a pensar, de modo más literal, en matar a su padre (quiere dejar de ser hijo de cualquier manera). Va a la oficina del padre, se enfrenta a él y le apunta con el arma. Pero no puede hacerlo, no se atreve (pues no es lo que realmente desea). La historia acaba del peor de los modos: con el suicidio de Ramón (dejó de ser hijo de Budiño aunque al precio de dejar de ser cualquier otra cosa).

La historia parecería conducirnos a la conclusión de que la tarea de dejar de ser hijos es imposible, que por un camino u otro acabaremos en una encerrona en la que tendremos que o bien renunciar al vínculo o bien renunciar a nuestra posibilidad de individuación. Pero no creemos que esta sea la conclusión necesaria. Había otra vía, una que desafortunadamente Ramón no supo ver y que su padre, trágicamente, no supo señalar. La vía es esta: Ramón podría haber aceptado la agencia de turismo y luego hacer otra cosa con ella. Podría haberla vendido y poner allí un restaurante, podría haber hecho promociones para llevar a los jubilados a conocer Europa, la gama de posibilidades es infinita. De lo que se trata es de que Ramón pudiera hacer de esa agencia, que era de su padre, su propia agencia (o su propio restaurante o lo que fuese...). Llegado ese caso, cuando alguien le hubiera preguntado:

—¿Y usted a qué se dedica?

Él podría responder:

—Tengo una agencia de viajes —en lugar de «solo tengo una agencia de viajes».

Heredar a los padres

Lo que estamos diciendo es que el modo de dejar de ser hijos y convertirse en adultos no consiste en negar haber pasado por esa condición, ni en «matar a los padres», como suele decirse en la jerga ortodoxa. Implica, en cambio, dejar de ser *tan solo* el hijo de o la hija de. Implica no aceptar lo que nuestros padres nos legan sin más, ni tampoco rechazarlo de plano. Es necesario aceptar nuestra herencia y agregarle a ella nuestro sello personal; ello supone tomarse el trabajo de discriminar qué, de lo que se me ha dejado, dado o legado, tomaré y qué no, para después, muy conscientemente, convertir aquello con lo que me quedo en algo propio. Heredar es entonces, y en este sentido, un proceso activo. Un trabajo necesario para poder luego tomar las riendas y la responsabilidad de nuestra vida y decidir cabalmente qué rumbo queremos tomar.

Una buena metáfora para comprender esto es la de nuestro apellido: ese nombre es, sin duda, algo que viene de nuestros predecesores y por ello algo que nos impone un montón de significados, de historias y de condiciones; pero al mismo tiempo que somos influidos por ese apellido, también nosotros podemos influir sobre él. Llevo el mismo apellido que mis padres y que mis hijos, y lo que yo haga en mi vida agregará, por fuerza, algo a lo que ese nombre significa para todos.

La historia de Budiño me ayudó a comprender que yo era, en efecto, «el hijo de Jorge Bucay» entre muchas otras cosas que era. Y no había por qué negar la influencia que el hecho de que mi padre sea quien es y cómo es tenía en mí (pues comprendía que esa influencia tenía más que ver con el hecho de que fuera mi padre que con el hecho de que fuera reconocido por los demás). Esta comprensión me llevó a poder terminar de responder a esa pregunta que yo tenía: «¿Decidí hacer psiquiatría porque mi padre era psiquiatra?». Pues no, y también sí. No, por todo lo que ya les he contado respecto de que era mi propio deseo el que me movilizaba; y sí, porque ese deseo no era del todo ajeno al hecho de que yo creciera viendo a mi padre trabajar en algo que le había dado buenos dividendos tanto en el aspecto material, como en el de la satisfacción personal.

De lo contrario, cuando yo sostuviese que el que yo eligiese psiquiatría no tenía relación alguna con que esa fuera la profesión de mi padre, alguien podría irónicamente decir:

—¿De veras? ¿Es pura casualidad entonces? ¡Vamos!

Y tendría razón.

De hecho, alrededor del momento en el que yo estaba comprendiendo todo esto surgió en mí un recuerdo: una noche, yo tenía ocho o nueve años, íbamos a cenar afuera y mi madre, mi hermana y yo pasamos a buscar a mi padre por su consultorio. Subimos a recogerlo y entramos en su sala de trabajo. Recién acababa de terminar una sesión de grupo, yo miraba los almohadones en el suelo, la luz tenue y me preguntaba qué habría sucedido allí, qué cosas se habrían dicho... Tenía la sensación de que algo misterioso y al mismo tiempo tremendamente importante sucedía allí... Hoy en día creo que aquella curiosidad, aquel deseo de desvelar ese misterio, de sumergirme en ese clima de intimidad y aventura, fueron componentes esenciales para la forja de mi posterior decisión.

Yo podría decir ahora: «Al igual que mi padre, soy psicoterapeuta».

No diría, sin embargo: «Soy psicoterapeuta al igual que mi padre».

Es decir, soy psicoterapeuta, pero no del mismo modo en que él lo es. No somos terapeutas iguales aunque ambos lo seamos. Pero, y esta es una cuestión importante: las divergencias que tenemos no han sido diseñadas ex profeso por mí para diferenciarme de él. No es que yo me haya dicho: «Ya sé: si él cuenta cuentos, yo contaré películas» o «Si él es carismático y didáctico, yo seré técnico y preciso». Es posible que así sea como resultaron finalmente las cosas, pero ha sido a fuerza de que cada uno se mantenga fiel a sí mismo, no a costa de decisiones tomadas en función del otro.

Demián y yo hemos estudiado medicina con el mismo amor y la misma vocación. Los dos hemos preferido la salud mental a la patología orgánica. Ambos elegimos dedicar una parte de nuestra vida a la tarea asistencial y, además, compartimos el placer de poner por escrito algunas cosas que pensamos (y este libro es prueba de ello). Y sin embargo, en nuestro parecido somos tan diferentes como iguales. Permítaseme dejar por escrito la mayor de nuestras diferencias: mi hijo ha hecho casi todas las cosas que yo hice y algunas más, pero a todas las cosas que hicimos ambos, profesional y personalmente, él llegó más joven, las llevó más lejos y sin lugar a dudas las hizo mejor. Quiero pensar que en parte se deba a que partió con ventaja, pero, como vimos, eso no resta mérito, al contrario. Mi hijo logró lo logrado y logrará lo que sigue, a pesar de haber tenido un padre como yo. Hay algo sin embargo en lo que le será difícil igualarme. Como siempre le digo, tendrá que esmerarse mucho para tener un hijo como él.

SER O NO SER (COMO ELLOS)

Uno de los errores más comunes que muchos hemos cometido en nuestra adolescencia fue creer que debíamos rebelarnos (en ocasiones artificialmente) para poder diferenciarnos de nuestros padres. Algunos tardamos un poco en entender (y algunos no lo comprendieron nunca) que si simplemente nos manteníamos fieles a nosotros mismos esa diferenciación llegaría por sí sola. La rebeldía no es un fin en sí mismo, y la diferenciación es una consecuencia inevitable de que yo siga mi camino y tú el tuyo. Perseguir la diferencia en forma deliberada implica muchas veces convertirse en una imagen en espejo: tan exactamente opuesta a la original que termina siendo un duplicado inverso de la otra.

Para ilustrar esto, un ejemplo genial nos lo provee la saga fílmica *Regreso al futuro*, de Robert Zemeckis.

En la primera película de la saga, Marty McFly, hijo de George McFly (un hombre frustrado y derrotado por la vida), viaja por accidente al pasado y acaba conociendo a sus padres cuando tenían más o menos la misma edad que él tiene ahora. Lo que descubre, podríamos resumirlo así: su padre es un cobarde. Marty puede ver, con claridad y de primera mano, que esa es la causa de que George acabe siendo, en el presente, el fracasado que es. Gracias a la intervención de su hijo, sin embargo, a George se le animará la vida y, cuando Marty regrese al presente, encontrará que las cosas han cambiado, la vida de sus padres y por ende la suya han dado un gran giro para mejor. La experiencia, como bien la describe Marty al final de la película, habrá sido «educativa» para todos.

Hasta ahí, todo fantástico. Sin embargo, *Regreso al futuro II* depara una sorpresa. El viaje en el tiempo se dirige esta vez hacia el futuro y nuevamente Marty encuentra allí algo que lo impresiona: él, cuando tenga la edad que su padre tiene en el presente, será también un fracasado. Al contrario de lo que sucedía con George, nada en la juventud de Marty podía hacernos prever ese destino... ¿Qué sucedió entonces? Marty intenta averiguarlo y lo que descubre es esto: en cierto momento de su vida (no sabe cuándo) alguien le propondrá correr una carrera de autos callejera, él se negará pero el otro dirá: «¿Qué te pasa, eres gallina?». Espoleado por este comentario, Marty correrá la carrera y acabará en un accidente que le costará el uso de su mano. No podrá tocar más la guitarra (su pasión durante toda la saga) y así acabará frustrado. «Ya conoces a Marty —dice alguien en el futuro—. No soporta que le digan gallina». De hecho, en la película sucede en varias ocasiones que tanto el Marty joven del presente, como el adulto del futuro, complican las cosas porque no toleran quedar como cobardes.

La pregunta que resulta interesante es: ¿por qué Marty no puede soportar que le digan gallina? Pues porque él aprendió, en su viaje al pasado, que su padre fue un fracasado por gallina. Entonces él debe ser un «no gallina». Atención, que no es lo mismo «no ser gallina», que «ser no gallina». El segundo caso es compulsivo: no puede tener ni la mínima pizca de gallina. Ese mandato terminará arruinándole la vida a Marty. En el intento denodado de no repetir la historia, terminará repitiéndola y si su padre fracasó por ser cobarde, él acabará fracasando por no poder serlo.

Afortunadamente, el viaje actuará como una experiencia terapéutica y, cuando vuelva nuevamente al presente, Marty habrá aprendido la lección: frente al reto de la pandilla, actuará «como un cobarde», soportará que lo llamen «gallina» y no huirá obsesivamente de la idea de parecerse a su padre. Así, no correrá la carrera y ganará la posibilidad (nunca hay certezas) de no ser, en el futuro, un fracasado.

«No ser como mi padre» (o mi madre) así como «llegar a ser como él» (o como ella), se convierten en frases rígidas, cristalizadas, que cuando se instalan, gobiernan toda la existencia de los hijos con puño de hierro y acaban por arrebatarles la capacidad de pensar y decidir, cada vez y libremente. Lo cual equivale a decir que acaban por no dejarlos... ser.

Dejar atrás estas constricciones será una de las marcas de una adultez verdaderamente lograda.

5

EDUCACIÓN

LA INSUFICIENCIA DE LOS PADRES

Cuando los niños son muy pequeños, recién nacidos y poco después, la tarea de los padres parece reducirse a darles el cuidado, el afecto, el cobijo y el alimento que necesitan. Una idea deducida del obvio desvalimiento de los bebés humanos que no pueden por sí solos reconocer los peligros, buscar abrigo, conseguir comida y ni siquiera acercarse a otro para recibir el contacto de su cuerpo.

Bien pronto, sin embargo (mucho más pronto de lo que solemos creer), encontramos que estas cosas básicas, que nosotros, los padres, desde un principio nos hemos ocupado de proveerles, incluido el amor, no son suficientes para conseguir su contento ni, más adelante, su felicidad (ni menos aún para lograr que ese estado se mantenga en el tiempo).

Se hace necesario entonces algo más.

En este libro a ese «algo más» lo llamaremos genéricamente: educación. Está constituido por el paquete de herramientas necesario para conseguir que la felicidad se separe del puro placer momentáneo de un deseo satisfecho.

De modo sencillo, podríamos formular el siguiente axioma:

La educación es imprescindible porque, a fin de cuentas, es lo único que podemos hacer para ayudarlos a ser felices.

Pues, de alguna manera, aunque suene frío y provocativo, deberíamos reconocer que aun si decidiéramos ser proveedores eternos dejándonos llevar por nuestro amor inconmensurable, esto no sería suficiente para cumplir nuestra meta.

Somos insuficientes, y lo somos en los dos sentidos: cuantitativo y cualitativo.

Cuantitativamente no podremos proveerles, aunque decidiéramos intentarlo, de todo lo que necesitan en la medida en que lo necesitan. No podremos, por ejemplo, cuidarlos tanto como ellos necesitan ser cuidados. Si quisiéramos explorar la posibilidad de hacerlo, deberíamos estar dispuestos a permanecer todo el tiempo con ellos..., y nos referimos a *todo el tiempo*: todo el tiempo de ellos y todo el nuestro, 24/24. Deberíamos estar allí a cada instante para asegurarnos, personalmente, de que no hagan algo que pueda lastimarlos o resultar perjudicial.

La tentación de todos los niños de meter los dedos en el enchufe podría servir como ejemplo de lo que decimos... Podemos apartarlos de ese peligro cada vez que lo intenten, si estamos allí..., pero para bien y para mal, no podremos estar allí siempre, siempre. Y entonces, cambiamos la estrategia: cuando el pequeñín se acerca curioso a la toma de corriente, lo señalamos y decimos: «No. Eso no se toca. Es peligroso». ¿Para qué lo decimos? Pues, evidentemente, para que el niño entienda e incorpore a su bagaje de conocimientos ese peligro y, de allí en adelante, se cuide él solito de eso. Si no tuviésemos esa pretensión, simplemente alejaríamos al niño del peligro y no diríamos más. No haría falta la «educación» de su conducta, porque confiaríamos en que siempre estaríamos allí para protegerlo. Sin embargo, afortunadamente, todos los padres del mundo comprendemos instintivamente que eso no es solo impracticable, sino también indeseable. Implicaría el sacrificio total de nuestras propias apetencias y necesidades. Para intentarlo apenas sería menester consagrar la totalidad de nuestra existencia a los requerimientos, anhelos o caprichos del niño. El proceso jamás se colmaría: jamás obtendríamos una satisfacción absoluta de las necesidades del niño, puesto que su natural búsqueda de placer es insaciable, como igual de insaciable es nuestra pretensión de absoluta seguridad para ellos.

Cualitativamente somos insuficientes porque no podemos proveerles de la variedad de cosas que necesitan. Por ejemplo, para su evolución, los niños necesitan interacción con sus pares; y los padres, por más «buena onda» que pongamos, por más experiencia en el trato con pequeños que tengamos, por más deseo que sintamos de serlo, no podemos ser pares, simplemente porque no lo somos (y una vez más, esta dificultad es también lo mejor que les podría pasar).

Los pequeños necesitan también aprender a ganarse el amor de los demás (y, como dijimos, el de los padres no requiere ser ganado porque está allí sin que ellos hagan nada para obtenerlo).

Necesitan, de distintos modos en distintas edades, explorar su sexualidad (y, la mayor parte de ese aprendizaje, especialmente en relación con la genitalización del sexo, deberá explorarse obviamente fuera del vínculo con sus padres).

Los hijos necesitan desarrollar sus propios intereses y sus propias maneras de hacer las cosas (y, prontamente, padres e hijos descubrirán sus diferentes apetencias, aptitudes y capacidades).

Todas estas cosas y seguramente muchas más, son elementos que los padres no podremos proveer. No deberíamos olvidar esta verdad; no solo para evitar nuestra propia frustración, sino también, y sobre todo, porque si consiguiéramos acercarnos lo bastante a ser suficientes para ellos, los condenaríamos a la prisión de un vínculo absolutamente dependiente, un boleto sin retorno a una vida profundamente miserable.

Ahora bien, el acto de reconocer con humildad que no somos capaces de proveerles de todo lo que necesitan y necesitarán en sus vidas, no implica resignarse a dejar sus vidas libradas al azar ni limitarnos a ponerlas en manos del destino. Que no podamos tener control sobre los hechos de su futuro, lejos de empujarnos a decidir no intervenir, debería ser, conscientemente o no, la razón para centrarnos en su educación.

Educar no es otra cosa que darle a alguien las herramientas para que pueda procurarse, buscar y encontrar por sí mismo las cosas que necesita, esquivando algunos obstáculos y salvando otros, sin olvidar, en ese camino, el encuentro con los demás.

Somos seres gregarios y en ningún sentido autosuficientes, vivimos en sociedad y adaptarnos a esa convivencia es parte de nuestra educación. Claro que la visión de esa adaptación y el modelo de esa convivencia determinarán muy diferentes enfoques del cómo educar, qué enseñar y qué objetivos son los deseables.

Es indudable que la fantasía de una sociedad mejor es lo que animó la creación de la famosa y honorable escuela prusiana, que proponía cargar en los hombros de cada educador el desafío de convertir a niños y niñas, sin importar su origen o condición, en individuos socialmente funcionales. Educar era, pues, una tarea que debía encararse pensando en el bien de la comunidad, con la mirada puesta en formar hombres y mujeres «ajustados a su entorno», buenos trabajadores y respetuosos de las normas, para que, sobre esa base, la sociedad crezca en su conjunto, y garantizar así, al menos en teoría, un futuro brillante, seguro, previsible y promisorio para todos...

Comprendo la grandeza del objetivo, pero me doy cuenta de que sigo teniendo un par de grandes problemas con este enfoque. ¿Quién será el iluminado infalible capaz de definir cuáles serían los contenidos o los valores que habría que inculcar a todos, para que el resultado fuera un bien para el conjunto de la sociedad? Yo no lo soy y supongo que tú tampoco. Esta aseveración no parte de una falta de autoestima, ni de un menosprecio a tu capacidad, querido lector; se debe a que considero que nadie puede determinar cuál sería el bien mayor universal y deseable para todos ni, menos aún, dictaminar la conducta única y excluyente que conduzca a ese supuesto bien. Quienes lo han intentado se han convertido en los grandes tiranos de la historia.

Entendí hace algún tiempo algo que me ha ayudado a comprender muchas cosas y que me ha hecho desde entonces andar con más cuidado. Los villanos de verdad no son como los de las historietas. No se refriegan las manos mientras ríen ladinamente diciendo «Ji, ji, ji, ¡qué malvado soy!». No suelen alzar el puño en la soledad de su despacho gritando: «¡Ahora el mundo será mío, mío, mío!».

No.

Los monstruos de la historia, los que han cometido los actos más atroces que la humanidad ha visto, los que planearon y ejecutaron la barbarie con acciones de lesa humanidad, casi siempre lo hicieron enarbolando el argumento de que estaban actuando en defensa del bien común. Convencidos de que ellos eran los portadores de la verdad y de que sabían que era lo mejor para todos, para los suyos o para la mayoría. La mayor parte de estos seres despreciables se pensaban a sí mismos como héroes, como patriotas, como salvadores, no como los villanos que auténticamente eran.

Tengamos cuidado con querer arrogarnos el poder de saber y decidir sobre el bien y el mal de los demás, con querer erigirnos en «los salvadores», ni siquiera de unos pocos, ni siquiera por momentos... Yo, al menos, no quiero en magnitud ninguna y ni por un momento, tener la más mínima semejanza con aquellos monstruos...

Y me permito agregar todavía un segundo problema que se me presenta con la idea prusiana de postular como objetivo el desarrollo, desde la cuna, de individuos socialmente funcionales (y aunque a simple vista parezca una oposición de forma, creo que no lo es).

En lo personal, no creo que sea tarea de los padres educar a sus hijos en función prevalente del bien común. Es más, a decir verdad, ni siquiera creo que sea necesario que ese pensamiento altruista figure en la lista de las prioridades personales de los padres. Dicho de otra forma, no creo que para ser un buen padre sea necesario o fundamental ser «una buena persona».

Mi ejemplo preferido de alguien malvado que es, sin embargo, buen padre, no es otro que el villano de *La guerra de las galaxias*, Darth Vader (de paso vale notar, para los desprevenidos, que Vader significa «Padre» en holandés, de modo que estamos, efectivamente, ante un «Padre Oscuro»). Vader asfixia a personas con su sola voluntad, mata a sus antiguos maestros y destruye planetas sin el más mínimo remordimiento. Pero con su hijo Luke es otra cosa: lo busca cuando descubre que está vivo, intenta sumarlo a su causa («Únete al lado oscuro», o sea: «Vente conmigo»), le reconoce sus logros («Has aprendido mucho»), le propone proyectos compartidos («Juntos gobernaremos la galaxia como padre e hijo») y, si todo eso no funciona, está dispuesto, al final, a traicionar todo en lo que cree para salvar a su hijo. Mal tipo, gran padre.

Como contrapartida, tampoco con ser buena persona alcanza para ser buen padre. También de este caso se nos aparecen decenas de personajes, ficticios y reales, retratados como «muy buena gente» de cara a la sociedad y hasta «muy buenos padres o madres» en la imaginación de todos, pero que, en realidad, resultan muy indeseables en el trato de los niños.

Hubo un tiempo en que era un lugar común ver y escuchar a algunas madres, supuestos estandartes de la decencia, que castigaban las enrojecidas nalgas de sus hijos mientras repetían la remanida frase de «Cuando seas grande lo entenderás» o la no menos popular y manipuladora disculpa de «Me duele más a mí que a ti». Por supuesto, se amparaban en la excusa de los altos ideales buscando indulgencia para lo que no era otra cosa que un acto salvaje.

No debemos ni podemos, entonces, achacarles a los padres, como parte inherente a su rol, la responsabilidad de educar en función del bien de la sociedad. Esta tarea socializadora está mejor ubicada en manos de las escuelas. De todas maneras y aun en ese ámbito, no creemos que «impartir normas morales» conduzca a lograr el objetivo de una sociedad más sana en su conjunto. Más bien es mostrándoles a los estudiantes la importancia de los vínculos entre las personas como podremos acercarnos a ese horizonte. Estamos convencidos de que aunque el bien común no deba ser nuestro foco principal, educar, tanto en la escuela como en casa, en pos de que cada quien pueda llevar la mejor vida posible redundará, finalmente y por añadidura, en una mejor sociedad para todos.

A la hora de plantear un modelo educativo, no debemos olvidar cuál es la dirección última hacia la que queremos dirigirnos (y dirigirlos), pues eso definirá, en gran medida, el qué de la educación (lo que buscaremos transmitir) y el cómo lo haremos (los métodos, herramientas y recursos que utilizaremos).

EL QUÉ: CONTENIDOS VERSUS VALORES

Decía mi padre, utilizando la metáfora habitual, que él había aprendido que no debía tratar de darnos el pescado, sino que debía enseñarnos a pescar.

Era para su época un pensamiento seguramente innovador con un mensaje más que claro.

Y que sin embargo, hoy por hoy, podría ser muy cuestionable.

¿Para qué les servirían a mis hijos mi caña de pescar y mis rieles y mis anzuelos? ¿Para qué les servirían mi técnica y mis lugares secretos para hallar las más gordas lombrices?

La realidad es que no sabemos mucho del mundo en el que ellos tendrán que conseguir su alimento. ¿En qué mares, qué peces y en qué circunstancias deberán pescar su comida?

Deberíamos saber que nuestra responsabilidad en esa misma metáfora será:

Ni darles pescado, ni enseñarles a pescar: enseñarles a diseñar sus propias herramientas adecuadas a la caza que les corresponda afrontar.

Este comentario no debería utilizarse para relativizar la importancia del aprendizaje, sino para poder cuestionar con fundamento algunas pautas rígidas que solemos establecer cuando creemos que enseñar es simplemente transmitir un contenido o un conocimiento, desde un maestro que sabe a un alumno que no. Si nos empeñamos en ver la educación tan solo desde esta falsa perspectiva, educar se podría reducir a un procedimiento por el cual el saber se transmite de unos a otros y la docencia se vuelve una mera transferencia bancaria de datos y conocimientos.

Historia, matemáticas, geografía y biología, datos que depositar en el «banco de lo académico»; moral, buenas costumbres y peligros del mundo, para el «banco del hogar y la sociedad»...

La verdadera educación es mucho más que eso. No se trata de darle al niño un determinado número de conocimientos servidos y pautas aprobadas por todos, pidiéndole tan solo que los memorice y los repita. La pedagogía moderna ha demostrado que es mucho mejor que el niño llegue a esos conocimientos por sí mismo, brindándole las herramientas para que descubra y comprenda cómo funciona el mundo a su alrededor, para que explore y experimente física y emocionalmente la relación con los demás, con el mundo y consigo mismo.

Como bien lo dice el filósofo español Fernando Savater, la ética que debemos enseñar a los más jóvenes es aquella que consiste en preguntarse cómo darnos una buena vida.

Dicho en nuestras palabras, educar es desvelar cómo deberíamos conducirnos para llevar vidas ricas en experiencias, vidas satisfactorias, vidas que valgan la pena (es decir, que compensen las penas que la misma vida puede traer).

Volvemos a nosotros, hombres y mujeres que debemos decidir la orientación que le daremos a nuestra responsabilidad como padres y madres: queremos que nuestros hijos tengan una buena vida..., pero ¿por dónde les sugeriremos que busquen el rumbo hacia allí? ¿Por el camino de conseguir hacer siempre lo correcto o por el que pone el acento en disfrutar de cada momento?

¿Qué vertiente fortaleceremos?

¿Lo que **hay que** hacer o lo que **se disfruta** hacer?
¿El Deber o el Placer?
¿Lo que es **correcto** o lo que es **divertido**?

Una salvedad: «hacer lo correcto» no es la expresión que más nos gusta al hablar de educación, ya que, aunque sea coloquial, puede dar la impresión de que estamos volviendo al objetivo prusiano: hijos que sean funcionales para la sociedad, buenos muchachos, buenos ciudadanos y, especialmente, buenos hijos para orgullo de sus padres... La actitud a la que nos referimos aquí no apunta a una perspectiva moral, sino que trata de transmitir «haz lo correcto» en función del propio bienestar. Tal vez sería más preciso decir: «Haz lo que haces, pero hazlo correctamente»; o mejor aún y en el lenguaje de todos los días: lo que hagas, «hazlo bien».

De acuerdo con la respuesta que nos demos a estas preguntas, de acuerdo con cuánto de una actitud u otra pretendemos transmitir, proponemos distinguir cinco categorías o modelos de padres. Permítasenos la licencia de graficar el énfasis que se pone en estos objetivos en un esquema de dos variables: el interés en el resultado (lo bien hecho o lo correcto) y el interés en el proceso (lo divertido y lo placentero). Ubicaremos en la horizontal el interés puesto por los padres en que se haga «lo correcto» y en la vertical el interés puesto en el «disfrutar».

Así:

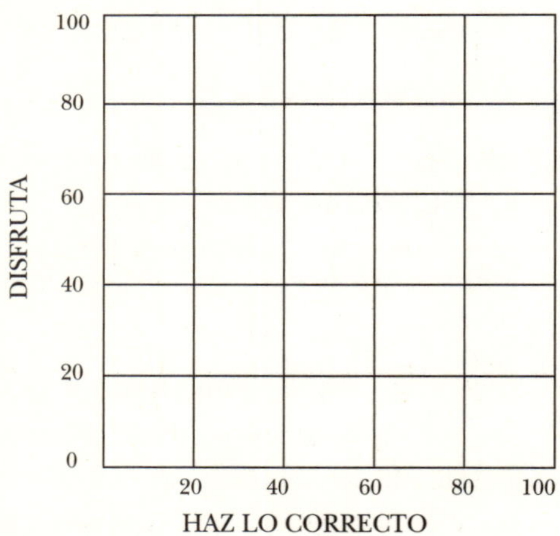

Revisemos entonces estos cinco modelos de padres con la ayuda de este gráfico.

Padres negligentes

Comencemos por aquellos padres que les transmiten nada o, mejor dicho, casi nada a sus hijos (si fuera «nada en absoluto», si el valor en el gráfico fuera 0 en ambos ejes, no merecerían siquiera el término «padres», porque dijimos que es el ejercer dicha función lo que nos convierte precisamente en eso). Por convicción, por dejadez, por inmadurez o porque no pueden dedicar tiempo más que a sí mismos, estos padres no se ocupan de sus hijos. No facilitan su disfrute ni promueven que hagan lo mejor para sí mismos. Simplemente, no les prestan atención. O se la prestan solo cuando los hijos se convierten en una molestia. Podríamos llamarlos: **padres negligentes**. Su representación en el gráfico se vería así:

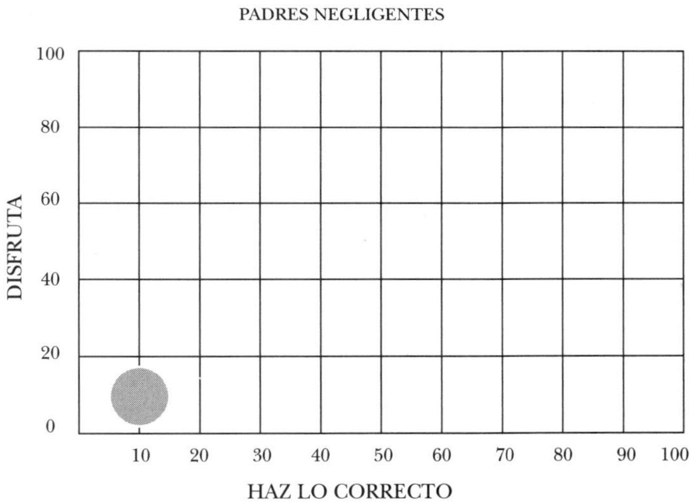

Es evidente que los padres negligentes son de lo peorcito que puede tocarte en suerte (o, mejor dicho: son una de las peores desgracias). Los hijos sufrirán inexorablemente consecuencias importantísimas de esta falta de dirección. Así actuaron los padres y madres de estos adultos que a veces vemos, perdidos, sin saber qué camino tomar, pasando de una forma de vida a otra, de una decisión a la contraria sin tapujos y sin molestia alguna por sus incoherencias..., incapaces de llevar adelante una buena vida, incapaces de ayudar a otros a que la tengan, incapaces, al fin, de hacer algo que no sea orientado a satisfacer deseos menores y efímeros.

Para ilustrar los efectos tremendos de la negligencia hacia los hijos valga este comentario respecto de la historia de *Frankenstein*, de Mary Shelley. Hayamos leído o no este maravilloso clásico de la literatura de terror, con solo escuchar ese nombre todos pensamos en un hombretón enorme, entre pálido y verde, de cabeza chata con tornillos a los lados y armado de remiendos humanos.

Y sin embargo, en la novela, Frankenstein NO es el nombre del monstruo. Frankenstein es el apellido del científico que le da vida: el doctor Victor Frankenstein...

¿Y cómo se llama entonces el ser que este ha creado en su laboratorio?

¡Pues qué sorpresa! No tiene nombre (tal vez debiéramos decir: ni siquiera nombre tiene). A lo largo de toda la novela se lo llama simplemente: la criatura.

¿No es acaso esa la misma palabra que se usa para referirse a un bebé cuando se desconoce su nombre? Si Victor Frankenstein le dio vida a ese ser y lo hizo a sabiendas, ¿no debería haberse ocupado también de criarlo, de explicarle cómo ha venido a este mundo y de darle alguna orientación de qué hacer con su recién adquirida «vida»? ¿No le correspondían acaso al doctor Frankenstein todas las responsabilidades de un padre, dado que la criatura estaba en el mundo a causa únicamente de su propio deseo?

Pero el despreocupado científico ni se percata de todo esto y ni nombre le pone a su creación. En lugar de ocuparse mínimamente de ella, la deja allí, a la buena de Dios y se va a festejar su triunfo científico.

Las nefastas consecuencias de abandonar a un hijo de tal manera se ven a las claras durante todo el libro: la criatura se dedica sistemáticamente a destruir todo lo que su creador ama y aquello de lo que lo ha privado.

En palabras del mismo «monstruo», él se explica:

—Soy malvado porque soy desdichado.

Aunque él no lo diga, podríamos agregar sin temor a equivocarnos: «porque no hay mayor desdicha que la de ser ignorado por completo por aquel que te dio la vida, reducido a ser nada más que un subproducto desechable».

El psicoanalista argentino Hugo Dvoskin sugiere, con muy buen criterio, que la historia le ha hecho justicia a la criatura y le ha devuelto, en el imaginario colectivo, el nombre que por derecho filial debiera haber llevado: Frankenstein.

Los padres negligentes son los que, cuando el hijo se acerca para mostrarles el dibujo que ha hecho, contestan (cuando contetan):

—¡Sal de aquí, niño, no me molestes! ¿No ves que estoy ocupado?

Esto no quiere decir que cualquiera que haya contestado así a su hijo, alguna vez, pertenezca a esta categoría (aunque sí vale sostener que en ese momento ha sido negligente). Ningún hijo pagará con un nefasto futuro el exabrupto de un episodio aislado. Por ningún «niño, deja ya de joder con la pelota», el pequeño acabará por sentirse ignorado por completo. Sin embargo, si este tipo de actitudes son frecuentes, sostenidas y abarcan la mayor parte de los ámbitos de interacción entre los padres y el niño, en efecto el pequeño podría concluir: «Yo no existo para esta gente». No es de sorprender que los efectos de la negligencia paterna y materna sean profundos y que sanar esas heridas lleve mucho tiempo y cuidado.

Padres autoritarios

La mayoría de los padres, por supuesto, sí piensan en sus hijos y se preocupan (¡y en gran medida!) acerca de la mejor forma de educarlos. De entre ellos, hay muchos que han prestado especial atención a la manera en la que ellos mismos fueron educados y tienen la convicción sincera de que la mano dura de sus padres (especialmente de Papá) ha sido lo mejor que podían recibir. En su manifestación arquetípica podemos denominarlos: **padres autoritarios**. Estos padres piensan que la felicidad de sus hijos depende de que aprendan y adquieran el hábito de hacer las cosas «bien»: que se porten bien, que respondan con educación, que estudien mucho, que saquen buenas notas...

Es muy fácil criticar esta postura y tildarla de anticuada o reaccionaria, pero estamos convencidos de que no deberíamos juzgar tan rápido. La idea de que serás más feliz si aprendes a hacer las cosas bien no es tan descabellada y de ninguna manera carece de fundamento. Vivimos en una sociedad en la que el éxito es algo valioso, buscado y deseable, y seguramente, si lo consigues, habrás mejorado un poco tus oportunidades de ser feliz. También es cierto que hacer las cosas «bien», más allá del éxito o no, no deja de acarrear, por sí mismo, cierta satisfacción.

El gráfico de esta manera de ser padres sería así:

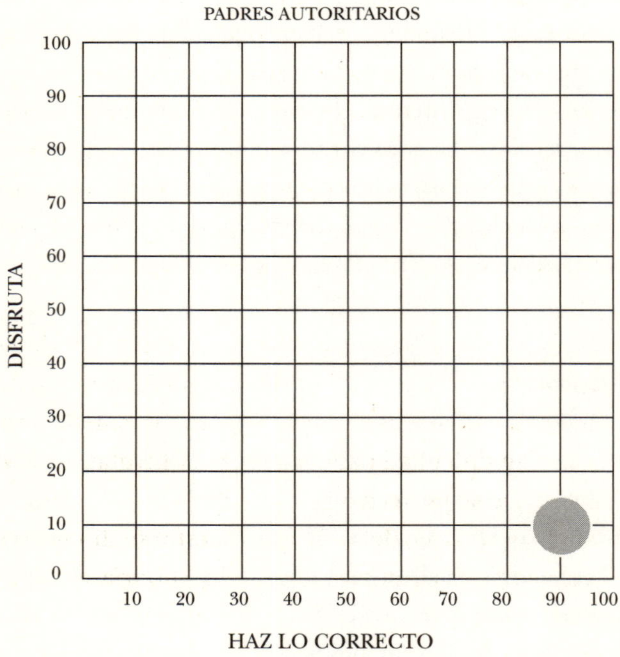

Hace algún tiempo se difundió en televisión un documental en el que aparecía un padre que, sin lugar a dudas, constituye un buen ejemplo de un padre autoritario (que no debemos confundir con un padre malo, violento o castigador). Como tal, su especial interés era entrenar a su hijo en hacer las cosas del mejor modo en que pudiera hacerlas. El nombre del padre era Robert; el del hijo, Roger; el apellido de ambos, Federer.

Se trataba, efectivamente, de un documental sobre la vida de Roger Federer, para muchos (casi todos) el mejor tenista de todos los tiempos. Retrataba cómo había sido su infancia y cómo fueron los comienzos en el deporte que luego lo vería triunfar. En una entrevista, durante la filmación, el padre comentaba que cuando su hijo le dijo que quería ser profesional de tenis, él le advirtió que era un camino duro y que sería muy difícil llegar a vivir de ello.

—Pero si me esfuerzo puedo llegar a estar entre los doscientos mejores del mundo —dijo el joven Roger.

—Eso no es suficiente, hijo —le dijo el exigente padre—. Si quieres vivir del tenis, tendrás que estar entre los cien mejores.

Yo no sé si Roger Federer es feliz (aunque todo parece indicar que sí lo es), pero sí sé que si quieres criar un «campeón del mundo» en el sentido más amplio que esa frase puede tener, es decir: alguien que sea «el mejor» en el ámbito que le incumbe, es probable que la actitud de Federer Padre sea la indicada.

Cualquiera puede adivinar cuáles serían los efectos perjudiciales que podría acarrear a los hijos una educación autoritaria: la autocrítica despiadada, la sensación de «no soy lo suficientemente bueno» y la gran dificultad para dejarse ser, disfrutando de las cosas sin exigencias de perfección.

Retomado el ejemplo del niño que muestra su dibujo, si su padre perteneciera a esta categoría, el diálogo podría ser algo parecido a esto:

—Papá, mira lo que he hecho.

—No está mal, pero te has salido de las líneas. Y aquí te ha quedado una parte sin pintar. Trabaja un poco más en él y vuelve a mostrármelo.

Nuevamente, el ejemplo es un poco burdo, y lleva las cosas a un extremo (aunque se entiende que lo hacemos con fines didácticos), y esto puede dar la idea equivocada de que la actitud del padre roza con el maltrato; pero no es el caso. Este padre sinceramente cree que si al niño le gusta dibujar, debe aprender a hacerlo bien, porque así el dibujo le proveerá más satisfacciones. Responde así, en principio, por el bien del niño. Y no solo eso, acepta y se propone para tomarse el trabajo de volver a ver el dibujo y volver a evaluarlo. Es un padre dedicado, le interesa su hijo..., de eso no puede haber dudas, aunque el retrato del episodio no resulte tan agradable.

Padres laissez faire

La oposición a este modelo tradicional de padres autoritarios, motivó el surgimiento de una nueva manera de pensar la paternidad. Se trata de una concepción centrada en la idea de que el principal propósito de los padres debe ser propiciar que nuestros hijos disfruten de sus vidas, que lo pasen bien, que nada les impida vivir como quieren. Los llamaremos **padres *laissez faire***, una expresión francesa que se traduce literalmente como «dejar hacer».

Pareciera, en principio, muy buena política. ¿No hemos venido diciendo acaso que los buenos padres son aquellos que les brindan a sus hijos las mejores oportunidades de vivir la mejor vida posible? Sin embargo, hay algunos «peros» que nos impiden pensar en esta actitud como la más sana o la mejor. Por ejemplo: no siempre «disfrutar» equivale a tener una buena vida, ni siquiera a «ser feliz». Está claro que la vida adulta y sana implica muchas veces postergar el mero «disfrute» instantáneo en pos de una sa-

PADRES *LAISSEZ FAIRE*

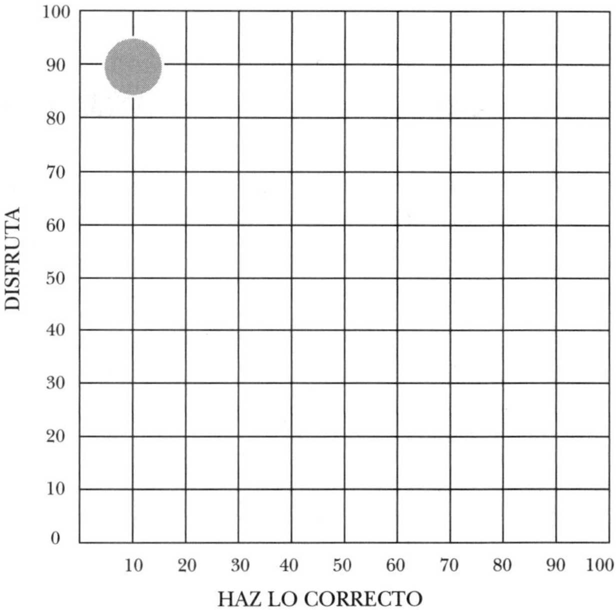

tisfacción mayor, pero diferida. Un niño, seguramente, no disfrutará de tomar su jarabe para la tos, pero, como padres, sabemos que, al final, hacerle pasar por ese mal momento le generará mayores beneficios (y, a largo plazo, no hacerlo le traerá mayores perjuicios). En este ejemplo es claro y casi nadie dejaría que el niño hiciese lo que quisiera con el bendito jarabe, pero, en otros, los riesgos del «dejar hacer» al niño no son tan claros ni obvios.

Con todo, la postura tiene su mérito. Todos aquellos que defendemos la postura humanista como filosofía y la importancia del «aquí y ahora» como modelo, deberíamos encontrarnos bastante proclives a esta actitud:

«Tú ocúpate de que tu hijo disfrute, de que lo pase bien, de que tenga experiencias satisfactorias y placenteras, que saboree las maravillas de la vida... Ya tendrá tiempo de enfrentarse con sus deberes y obligaciones a medida que vaya creciendo... Y además,

¿qué sabemos en verdad del mañana?, ¿cómo evaluar qué será lo mejor para él en el futuro? Dedícate entonces a llenar sus días de amor, de sonrisas y de disfrute».

Para retomar el ejemplo que usamos en el caso anterior, el niño se acerca a su padre *laissez faire* con su dibujo en sus manos y dice:

—Papá, mira lo que he hecho.

Y el padre responde, infalible:

—¡Qué hermoso! ¡Eres un genio!

Siempre responde «hermoso» (o genial, o maravilloso); nunca contesta: «Me gustaba más el del otro día» o «Este no te ha salido tan bonito», ni siquiera: «Me gustaría más si le hubieras puesto más colores...».

Apreciaciones todas estas absolutamente posibles y que seguramente podrían ser más que sinceras, pero sus comentarios no provienen de sus opiniones acerca de los dibujos en sí; estos padres entienden que este es un modo de fortalecer la autoestima del niño (¡y en eso están en lo cierto!), un modo de transmitirle su amor incondicional. ¿Sin embargo, con esta actitud no se priva al hijo de una oportunidad para aprender?

Es como la vereda de enfrente de los padres autoritarios: si para aquellos nada era suficiente, para los padres *laissez faire* cualquier cosa lo es...

Este modelo también acarrea efectos negativos para los hijos. De adultos encuentran difícil lidiar con un mundo que no los acepta con los brazos tan abiertos como lo hacían sus padres, son algo ingenuos respecto de los riesgos que el mundo y los otros a veces suponen, y acostumbrados a una satisfacción plena e inmediata de cualquier cosa que hicieran, les cuesta hacer esfuerzos o trabajar duramente en pos de un objetivo diferido.

Vale aquí aclarar que no estamos a favor de la idea (que hemos escuchado por aquí y por allí, de boca de legos y expertos) de que hay que frustrar deliberadamente a los hijos para que no se «mal acostumbren». A nuestro entender, esa postura esconde una declaración de poder absolutamente innecesaria. El mundo provee naturalmente frustraciones y limitaciones todo el tiempo y, como educadores conscientes de ese hecho, bastaría con no pretender evitarles a nuestros hijos «todas y cada una» de ellas, para que aprendan a lidiar con las dificultades que naturalmente encontrarán en su proceso hacia la madurez.

Padres correctos

Como suele suceder, cada vez que, como individuos, grupo o sociedad, nos enfrentamos con dos posturas opuestas, arribaremos antes o después a la idea del punto intermedio.

En el tema que nos ocupa, los padres que llegan a esta salomónica conclusión intentan balancear el mensaje del disfrute con el de hacer las cosas bien. Llamaremos a estos: los «**padres políticamente correctos**» y su gráfico quedaría así:

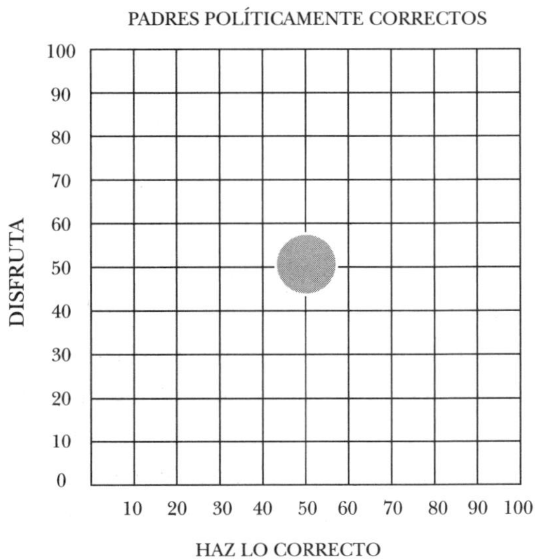

Este modelo de padre «tan» civilizado padece de una falla fundamental que hace que, en la práctica, el efecto sobre los hijos sea bastante malo (de hecho, si nos apuran solo un poco, sostendríamos que son los segundos peores, quedando por debajo de ellos tan solo los padres negligentes). ¿Y cuál es esa falla tan sustancial como para relegar tan abajo en el escalafón a estos padres tan bien intencionados y tan razonables?

Pues bien: la falta de convicción.

Lo injustificado de sus respuestas.

Lo ilógico de sus «SÍ» y de sus «NO».

Un día hacen una cosa, otro día otra (para compensar) y las más de las veces, todo a medio camino; sin terminar de actuar por una posición ni por la otra.

La idea que terminan transmitiendo a sus hijos, en el mejor de los casos, es la de una profunda incoherencia; en el peor, la de que les importa más mantener la formas y «quedar» como buenos padres que hacer efectivamente lo mejor para sus hijos.

Los padres autoritarios o los *laissez faire* al menos tenían una idea, una convicción y se ajustaban a ella. Tanto unos como otros estaban movidos por un sincero deseo de educar y daban a sus hijos una imagen clara de sus intenciones, sus argumentos y sus instrucciones: «Nunca esperes de mí una crítica» o «Nunca pretendas mi aprobación».

Los padres políticamente correctos, en cambio, terminan en un «como si» tibio, que es, desde el punto de vista de la salud mental, mucho peor que los errores que los otros dos modelos podían conllevar. Estos padres parecen motivados más por la necesidad de «cumplir» con aquello que el rol implica, que por el verdadero amor y compromiso con los pequeños a su cargo.

Quizás esta historia, tan graciosa como absurda, nos haga comprender la clase de actitud de la que estamos hablando.

Un hombre tiene un criadero de cerdos. Un día recibe en el local una inspección de bromatología. Entre otras preguntas, el inspector interroga sobre la alimentación de los cerdos. El hombre le dice que los cerdos son omnívoros y que comen lo que se les dé. La dieta es, pues, muy variable dependiendo de las sobras del restaurante de la esquina y de su propia basura. El inspector pone el grito en el cielo y le dice que es un irresponsable, que cómo alimenta a los cerdos con basura, que esos cerdos serán a su vez comidos por humanos, que eso es una atrocidad, etc., etc. Finalmente, le impone una cuantiosa multa. Seis meses después, un nuevo inspector, esta vez del departamento de Distribución de Recursos del Municipio, llega a su criadero y pregunta qué comen los cerdos. El hombre le dice que ya tuvo una inspección y que ahora los cerdos comen lomo al champiñón, pollo a la Kiev, fettuchini Alfredo, sopa de langosta y esas cosas. El inspector se pone furioso. Le pregunta si está loco. ¿Con la escasez de recursos alimenticios que hay en el país, él les da esa comida a sus cerdos? Indignado, le impone una multa mayor aún que la primera. Resignado, el hombre paga otra vez la multa. Cuando por tercera vez un inspector visita su negocio y pregunta qué comen los animales, él contesta:

—Mire, yo no quiero tener más problemas con la comida de los cerdos... Así que desde la última multa tomé una decisión, yo les doy el dinero y ellos, ¡¡¡que se compren lo que quieran!!!

Los hijos de padres correctos suelen acabar confundidos, desorientados, dudando de si deben estar agradecidos con sus padres por su ecuánime postura o recelosos de ellos por haber sido tratados como una obligación más.

En el relato del dibujo del niño, que venimos utilizando como ejemplo, la interacción iría más o menos así:

—Papá, mira lo que he hecho.

—Muy bonito. Si pintas con más colores te quedará hermosísimo.

Ni chicha ni limonada. ¿En qué quedamos: le ha gustado o no? No se sabe. El niño de seguro no lo sabe y, lo más probable, es que el padre tampoco..., seguramente porque no se ha detenido a mirar (realmente mirar) el dibujo antes de responder, solo ha dado la respuesta que cree que hay que dar. No importa cómo sea el dibujo, la respuesta es la misma...

Los chicos son chicos, pero no tontos y acaban por darse cuenta; conclusión: «A mi padre mis dibujos le importan un rábano. Hace como que sí, pero no».

Los buenos padres

¡¿Y entonces?! Si proponerles tan solo disfrutar los deja algo desvalidos, si empujarlos a hacer las cosas bien puede transformarse en exigencia y si darles un poco de cada cosa los confunde... ¿qué otro camino nos queda a los que no queremos ser negligentes y pretendemos ser «**buenos padres**»?

Pues bien, a la pregunta de qué privilegiar, la tarea o el placer, deberemos contestar: ¡¡¡mucho de ambos!!!

La respuesta, en forma gráfica es la siguiente:

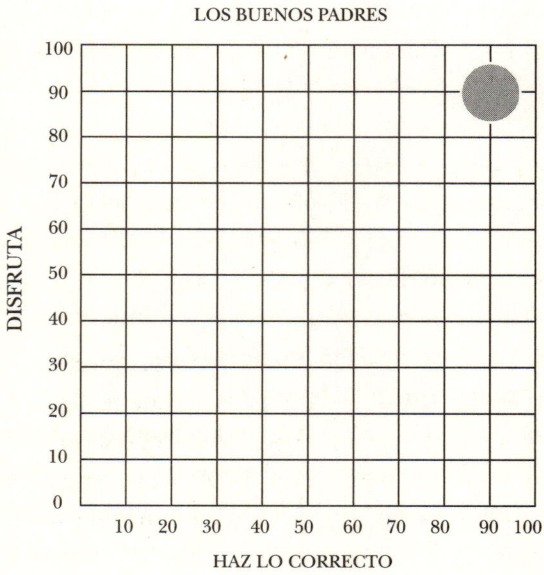

Los verdaderamente buenos padres son aquellos que empujan a sus hijos a disfrutar de la vida lo más que puedan *y* a hacer las cosas del mejor modo posible (ambas cosas). Este modelo de ser padres intenta promover el máximo de disfrute al mismo tiempo que la máxima capacidad.

Una vez que damos con esta respuesta, es posible que parezca obvia, lógica y evidente; pero ¿por qué a la mayoría de nosotros no se nos aparece desde un comienzo?

Creemos que se debe a que, para considerarla (y también, y más importante aún, para ponerla en práctica), deberíamos ANTES habernos deshecho de la idea de que existe una exclusión entre disfrutar y hacer las cosas bien.

Nuestra clásica educación nos ha hecho creer que las cosas se hacen por uno de dos motivos: por placer o por obligación, y que estos dos motivos son irreconciliables y excluyentes; que uno siempre va en desmedro del otro; que es absurdo pretender dar lo mejor de uno y, al mismo tiempo, querer disfrutar al máximo...

LAS DOS LISTAS

Por lo general, separamos de modo bastante tajante las cosas que se hacen por una razón u otra. Hemos aprendido a confeccionar dos listas que nos fuerzan después a clasificar casi todo en la vida, ubicándolo en la lista del placer o en la de las obligaciones, del relax o del esfuerzo, de lo que se disfruta o de lo que se padece y, por extensión, de lo que quiero y lo que debo.

OBLIGACIONES	**PLACERES**
Trabajar	Hacer vacaciones
Estudiar	Jugar
Dormir por la noche	Dormir por la mañana
Compartir	Ser egoísta

Formalizar pareja	Gozar sexualmente
Comer (acelga)	Comer (chocolate)
Bañarse	Ensuciarse
Leer	Ver la televisión
Pasar tiempo con la familia	Pasar tiempo con los amigos

Y aunque tu lista sea diferente u opuesta, su sola existencia es igual de arbitraria y ridícula, y conlleva siempre efectos nefastos. Este esquema simplifica la educación de un modo que la lleva al borde de la estupidez.

Imagina que este libro tuviera solamente dos interminables listas como las que preceden y que en el epígrafe viniera la receta: «Ser padre es MUY FÁCIL. Solo tienes que ENSEÑAR A TUS HIJOS a decir que SÍ a todas las cosas de la primera lista y que NO a todas las de la segunda».

Esta división se apoya en la falsa postura de que las «obligaciones» son saludables o provechosas, mientras que los «placeres» son dañinos o fútiles... Una mentira que conduce a otra peor y más dañina: el prejuicio de que todo lo que te gusta en la vida no será bueno para ti y todo lo que sea bueno no te gustará.

Un humorista argentino, disfrazado como un payaso triste, solía reclamar al principio de su programa:

«QUÉ DESGRACIADO SOY.

TODO LO QUE ME GUSTA ESTÁ PROHIBIDO, ES INMORAL O ENGORDA».

Esta creencia nos empuja a vivir divididos y desgarrados entre el placer y la virtud, escindidos entre lo que «está bien» y lo que «está bueno», divorciando (a veces para siempre) lo que se debe y lo que se disfruta.

En el primer capítulo de Demián, *la magistral novela de Hermann Hesse (que, dicho sea de paso, inspiró el nombre de uno de los autores de este libro), Emil Sinclair, el personaje narrador de la historia, describe su percepción del mundo en el que vivía cuando era pequeño. Su discurso simplificado para poder compartirlo aquí contigo, se podría resumir más o menos así:*

«Cuando yo tenía diez años, dos mundos se confundían a mi alrededor: dos mundos opuestos y diferentes, tan opuestos como el día y la noche. Un mundo lo constituía la casa paterna; se llamaba familia, amor y severidad, ejemplo y colegio. A este mundo pertenecían la claridad y la limpieza; en él habitaban las palabras suaves y amables, las manos lavadas, los vestidos limpios y las buenas costumbres. Existían en este mundo las líneas rectas y los caminos que conducen al futuro, el deber y la culpa, el perdón, los buenos propósitos y la confesión, el amor y el respeto. En este mundo se rezaba, se leía la Biblia y se celebraba la Navidad. Todo estaba claro, uno solo debía mantenerse dentro de este mundo para que la vida le fuera prístina, limpia, bella y ordenada.

»Había otro mundo, sin embargo, que era totalmente diferente: olía de otra manera, hablaba de otra forma, prometía y exigía otras cosas. En este segundo mundo existían criadas sucias y sirvientes desleales, historias de aparecidos y rumores escandalosos; un torrente multicolor de cosas terribles, oscuras y enigmáticas, como el matadero y la cárcel, como los borrachos y las mujeres chillonas. Historias de robos, asesinatos y suicidios, cosas diferentes y terribles, salvajes y crueles.

»Lo más extraño era cómo lindaban estos dos mundos y lo cerca que estaban el uno del otro: de hecho, en la siguiente calle, los guardias y los vagabundos merodeaban, hombres embriagados pegaban a las mujeres y, según me contaban, algunas viejas podían embrujarle a uno y ponerle enfermo hasta morir. El mal y la violencia se escondían entre las cosas de ese afuera. Era maravilloso que entre nosotros, en la casa, reinara la paz, el orden y la tranquilidad; y lo era especialmente porque existía todo lo demás, lo estridente, oscuro y brutal, de lo que

se podía huir en un instante, buscando refugio en el regazo de la madre.

»Yo sabía que mi meta en la vida era llegar a ser como mis padres, tan claro y limpio, tan superior y ordenado como ellos..., pero el camino era largo y para llegar a la meta había que ir siempre al colegio y a la iglesia, se debía estudiar, sufrir pruebas y pasar exámenes. El camino iba siempre bordeando el mundo más oscuro y a veces a través de él.

»Para mi sorpresa descubrí que había quienes solían pasar de un mundo a otro con excesiva naturalidad. Por ejemplo, nuestra criada Lina. Cuando por la noche rezaba en el cuarto de estar con la familia y cantaba con su voz clara, sentada junto a la puerta, con las manos bien lavadas sobre el delantal, pertenecía enteramente al mundo de mis padres, a nosotros. Pero después, en la cocina o en la leñera, cuando me contaba el cuento del hombrecillo sin cabeza o cuando discutía con las vecinas en la carnicería, era otra distinta: pertenecía al otro mundo y estaba rodeada de misterio.

»Sin duda yo pertenecía al mundo claro y recto: era el hijo de mis padres, vivía en esa casa y era un buen alumno del instituto; pero de muchas maneras también vivía en ese otro mundo, aunque me resultara extraño y siniestro. Es cierto que cuando caminaba por él, me asaltaban regularmente los remordimientos y el miedo, pero me asaltaba también, de tiempo en tiempo, el extraño deseo de quedarme en él.

»Recuerdo que de vez en cuando pensaba en huir definitivamente hacia el mundo prohibido. Eran momentos en los que el mundo luminoso se me aparecía menos hermoso, un poco vacío y bastante aburrido y en los que comenzaba a pensar todo el tiempo, en esas historias de hijos perdidos, de relaciones turbulentas y de misteriosas apariciones diabólicas, que yo escuchaba con verdadera pasión.

»En todos esos momentos, reflexiona finalmente Emil Sinclair, daba casi pena que el hijo pródigo siempre se arrepintiese y decidiera volver al hogar paterno, eternamente redentor y grandioso.

En general, no hace falta una inspección demasiado sesuda de la idea de Hesse sobre la metáfora de los dos mundos para caer en la cuenta de que el axioma de las dos listas es falso. Por ser más explícitos, comer acelga, por ejemplo, puede ser muy saludable, pero comer nada más que acelga puede ser bastante deficitario y pernicioso (seguramente peor que comer demasiado chocolate...).

Puede ser que ver televisión todo el día sea perjudicial (aunque Matt Groening dice que solo ha hecho bien una cosa en su vida: ver televisión, y que eso le permitió crear *Los Simpson*), pero ignorar la televisión totalmente puede hacer que nos perdamos muchas cosas interesantes y valiosas que circulan por ese medio (como, por ejemplo, el documental de Roger Federer del que hablamos antes) y nos dejará seguramente fuera de muchas interacciones sociales que abrevan en la cultura televisiva...

Cuando yo tenía más o menos diez años, mis padres no me permitían ver una serie televisiva que estaba muy de moda en aquel momento, *V* (o tal vez solo criticaban el hecho de que yo quisiese verla y eso tenía en mí el efecto de una prohibición...). La serie era, es cierto, desagradable: los alienígenas se arrancaban su falsa piel humana para revelar por debajo sus repulsivas escamas, su capitana comía ratas vivas, una mujer daba a luz a un bebé mitad humano mitad lagarto, y muchas otras perlitas del estilo... Cuando cada miércoles, al día siguiente de que transmitían la serie, mis compañeros de colegio se pasaban los recreos hablando de *V*, yo me quedaba en silencio, sintiéndome yo mismo un extraterrestre, intentando reconstruir el argumento a partir de los fragmentos que escuchaba. Cuando jugaban a interpretar la serie, todos peleaban por ser el protagonista y yo no sabía siquiera quién era el tan mentado Donovan...

No seamos tan presurosos de adjudicar virtud a algo solo porque resulta desagradable hacerlo, ni supongamos que otras cosas son perjudiciales solo porque nos apetecen. Es más, podría suceder que alguna de las cosas de la primera lista no nos sean del todo «apetitosas» *precisamente* por el hecho de que, desde el comienzo, nos han «obligado» a hacerlas.

Todos podemos imaginar a un papá o una mamá diciéndole a su niña de tres añitos:

—Martina, *tienes* que bañarte.

Se supone habitualmente que esa frase es el resultado de la negativa de la niña frente al requerimiento del baño... Pero resulta que los hechos después contradicen esa evidencia, ya que cuando finalmente se consigue meterla en la bañera, la dichosa Martina ¡¡¡NO QUIERE SALIR!!!

Es difícil asegurar qué sucede realmente. Bien podría pasar que tener que forzar a un niño para que se bañe no sea la consecuencia de que él se niega, sino que él se niega porque de entrada se intenta forzarlo... De hecho, bañarse parece en principio algo bastante agradable: el calorcito, el agua corriéndote por la piel, la sensación de frescura... ¿Por qué sería necesario obligar a alguien a hacer algo tan placentero?

Desde hace muchísimos años se presenta ininterrumpidamente en el circuito Off-Broadway, de Nueva York, una comedia musical que se llama The Fantasticks. *El argumento, bastante simple en principio, relata las aventuras y desventuras de hombres viudos y vecinos que quieren que sus hijos, un musculoso muchacho y una hermosa joven de la misma edad, formen pareja. La estrategia que utilizan para conseguirlo es singular: fingen odiarse mutuamente. ¿Qué puede ser más atractivo para un hijo, que la hija del rival de su padre y viceversa?*

El guiño está en imaginar la comedia como una versión revisionista del mito de Montescos y Capuletos de Shakespeare, que propone la provocativa teoría de que Romeo no amaba a Julieta, «a pesar» de que los Montesco odiaran a toda su familia, sino «precisamente por» ello.

En una magistral clase del absurdo de los resultados educativos de forzar a los jóvenes en contra de su voluntad, los padres protagonistas cantan una más que graciosa canción:

> ¿Por qué los jóvenes untan con mermelada al gato?
> ¿Por qué mermelada de frutilla por todo el pobre gato?
> Simplemente porque nosotros les dijimos: ¡No!
> Tu hija trae un novio a la casa
> Y te pregunta: ¿Te gusta, pa?
> Dile que es un idiota...
> Y ya tienes un yerno en el lazo.

Esta no es una regla fija «oponte y lo conseguirás», pero, como padres, no podemos ignorar el efecto que pueden tener nuestras prohibiciones, desde causar interés, generar curiosidad, llamar la atención y, por supuesto, despertar el deseo.

Retomaremos este punto más adelante, pero baste por ahora tener en cuenta que hacer las cosas bien no necesariamente excluye disfrutar de ellas y que prohibir algo no necesariamente conduce a que el otro lo evite.

LA ACTITUD DE LOS BUENOS PADRES

Volvamos entonces, por última vez, armados ahora con estas nuevas o renovadas ideas al ejemplo con el que hemos venido trabajando e imaginemos una vez más al niño que se acerca a su padre con su recién terminado dibujo en la mano:

—Papá, mira lo que he hecho.

Esta vez, el «buen padre» mira el dibujo. No contesta automáticamente. ¿Cómo puede saber lo que ha de contestar si no sabe cómo es el dibujo que se le presenta? Después de considerarlo responde, por ejemplo:

—Fantástico, hijo, gracias por compartirlo. Me gustan los colores que has usado. Parece que disfrutas mucho pintando. Conozco a alguien que sabe mucho de dibujo y de pintura, ¿quieres que hablemos con él para que te enseñe algunas cosas? Podrías aprender cosas nuevas y divertidas...

La respuesta, claro, no es universal, ni debe ser tomada como un molde de lo que «debe» decírsele a un niño. Más bien es un ejemplo imaginario de una frase que podría transmitir adecuadamente una saludable posición de los padres.

Permítasenos analizar un poco la estructura de la contestación.

El padre, en esta respuesta de diseño, consigue tres cosas que creemos que son las que logran una buena transmisión:

valida,
señala
y ofrece ayuda.

Validar

La validación es, seguramente, lo que nos surge de forma más natural (al menos si es que tenemos cierto afecto por el niño). Simplemente damos rienda suelta a nuestro amor, a ese sesgo tan maternal que nos hace ver a nuestros hijos como los más hermosos, maravillosos e inteligentes, y decimos: «¡Fantástico!». Como podríamos decir ya en una charla de café: reforzamos su autoestima.

Te escuchamos preguntando:

Esto es sencillo si el dibujo me parece realmente «fantástico» o digamos «aceptablemente estético», pero supongamos que no es así. ¿Qué debería hacer en ese caso? ¿Mentirle o decirle: «Hijo, lo siento pero tu dibujo es horrendo»?

Para comenzar, no es necesario ser cruel. Si quisiéramos ser honestos, sería igual de veraz decir: «Este dibujo no es el que más me agrada» o «Este no te ha salido muy bien». Con algunas excepciones, en general no hay por qué hacer un juicio taxativo respecto de un hecho cualquiera, en este caso el dibujo, diciendo «es espantoso», ni, menos aún, respecto del niño mismo: «No sirves para esto».

Una pequeña aclaración: esta conducta contraindicada incluye las descalificaciones disfrazadas de humor o súper aceptación: «Es que eres igual de torpe que yo... ja ja»... Con el agravante de que el niño menor de diez años no entiende estas sutilezas o ironías, y entra en conflicto instantáneo con la contradicción: ¿es crítica o halago?

Siempre es posible ser honesto sin usar la verdad como una honda disparando pedradas (y esto es cierto para todos los vínculos, no solo para la relación con los hijos). Así que si esta «verdad» es hiriente o dañina para la autoestima de tu hijo o hija y decides aun así decirla brutalmente, no te preguntes el valor que tiene para ti la sinceridad, pregúntate si estás enojado con él o ella por alguna otra razón. Si tu intención es ayudar y acompañar, debes saber que siempre, siempre, es posible encontrar algo valioso en lo que un niño ha producido, y si no aparece en la primera mirada, habrá que tomarse el trabajo de buscarlo cuidadosamente, ya que no se trata de validar lo que tu hijo hizo, sino lo que tu hijo es.

Señalar

Segunda actitud de nuestro arbitrariamente llamado «buen padre».

Creemos que no puede haber un vínculo nutritivo si no nos ocupamos de estar atentos a las particularidades de nuestro hijo, tanto a aquellas que juzgamos «buenas» para él o «virtuosas», como a aquellas a las que juzgamos perjudiciales o «defectos». Es necesario ser capaces de devolverles (en el momento y la forma más adecuada) esta percepción. No olvidemos que por muy buena mirada que tengas, para ver algunas partes de tu cuerpo necesitas de un espejo, comenzando por tu propio rostro, que es lo que más te identifica. El mejor espejo que tus hijos tienen para mirarse y saberse es la imagen que sus padres les devuelven de sí mismos.

Es por esto que la buena educación es individual y personal. Ni los contenidos ni los métodos deberían ser iguales para todos los niños en la escuela, ni para todos los hijos en el hogar.

Con una cuidada «evaluación» que haremos de lo que les sucede a nuestro hijo o hija, deberemos descubrir qué es lo que él o ella están necesitando para seguir creciendo e intentaremos proveérselo o, mejor aún, facilitarles el acceso a eso que buscan. Lo que nos lleva al tercer punto.

Ofrecer ayuda

A los niños hay que darles mucho. Hay que ampliar el abanico de sus posibilidades tanto como esté a nuestro alcance y para ello (si queremos ser buenos padres) tendremos que dedicar a esta tarea mucho tiempo, mucha atención, mucha energía y (¿por qué no decirlo?), a veces, bastante dinero.

Queremos remarcar que la palabra más importante de este apartado no es «ayuda», sino «ofrecer». Dejando establecido que el niño tiene que tener una actitud protagónica, la decisión de aceptar la ayuda, para que esta tarea se cumpla a satisfacción.

Recientemente, mi hijo mayor atravesó una situación que requirió nuestra intervención como padres de un modo en el que, creo, se pueden identificar estas tres actitudes. Sucedió que mi hijo había comenzado a coleccionar una serie de figuritas. La mayoría de sus compañeros de colegio también lo hacía, así que los niños solían llevar sus colecciones a la escuela para enseñárselas mutuamente e intercambiar durante el recreo. Después de varios días de esto, notamos con mi esposa que el pilón de figuritas de mi hijo había descendido considerablemente, que cada día se achicaba un poco más y que, para peor, le faltaban algunas de las más buscadas. Algo sucedía y no era demasiado difícil hacer una primera suposición: estaba perdiendo en el intercambio. Hablamos con él y le preguntamos si había notado que tenía menos figuritas que antes. Bajó la cabeza y dijo que sí. Le preguntamos si le molestaba y volvió a asentir.

—¿Quieres contarnos qué es lo que sucedió, hijo?

—Las cambié.

—¿Cambiaste muchas por una?

—Y... sí.

—¿Tú querías hacerlo?

—... Más o menos. Es que ellos no las tenían y yo quería ser un buen amigo.

Le dijimos entonces que entendíamos lo que le sucedía y que comprendíamos que lo hacía porque quería ser generoso con los demás (validación). Pero que creíamos que no era bueno para él terminar dando lo que en verdad no quería dar y que los buenos amigos no pedían que uno entregara sus cosas favoritas (señalamiento).

—Pero es que no sé qué hacer... —dijo mi hijo.

Entonces, le hice una propuesta (oferta de ayuda). Fuimos hasta el kiosco y compramos cinco paquetes de figuritas... ¡para mí! Durante varias de las noches que siguieron practicamos con mi hijo cómo cambiar figuritas sin dar más que las que quería dar, ni entregar aquellas que quería retener. Yo le avisaba que trataría de embaucarlo y él trataba de defenderse y «sostener su territorio» lo mejor que podía. De esa manera atendíamos a un tiempo el deseo de él (no perder sus figuritas) y el mío (que era entrenar su capacidad de defender lo suyo, cuidando a la vez el vínculo con los demás). Es interesante remarcar aquí que si yo simplemente le hubiese dicho a mi hijo: «Tienes que aprender a defender lo tuyo», es probable que él ni supiese cómo hacerlo ni le interesase demasiado esforzarse por aprender. En cambio, si yo le digo, con palabras o acciones: «Te enseñaré a cuidar tus figuritas», la propuesta es mucho más seductora (aunque en el fondo sea la misma cosa).

Quizás te estés preguntando, como yo, ¿cuántos padres dedicarían tanto tiempo y atención a su hijo «por un tema de figuritas», como claramente mi hijo le dedica al suyo en este episodio? La respuesta te la doy yo, con la convicción y la certeza de mis cuarenta años de profesión y mis sesenta y cinco de vida: ¡muy pocos! Esto es lo que hace de Demián un gran padre y de mí, un padre orgulloso de su hijo, claro.

¿QUÉ HAY DE LOS JÓVENES?

Quizás valga la pena aclarar que todo lo que hemos venido diciendo en este capítulo no se aplica tan solo a niños pequeños. Creemos con firmeza que la actitud tripartita de validar, señalar y ofrecer ayuda, es aplicable en todas las edades de todos los hijos, si bien, por supuesto, cada respuesta debe volverse más elaborada en la medida en que nuestros hijos crecen.

Las validaciones deben ser cada vez más precisas.

Los señalamientos, más agudos.

La ayuda que ofrecemos requerirá seguramente más de nosotros.

A medida que nuestros hijos crezcan, esta comunicación nutritiva constituirá cada vez un mayor desafío y habremos de apelar, para conseguirla, a todos nuestros conocimientos, nuestra creatividad y nuestra humildad, además, por supuesto, de todo nuestro amor... y toda nuestra paciencia.

En estas etapas más desarrolladas, la cuestión de nuestros esquemas de padres (negligentes, autoritarios, complacientes, correctos y buenos padres) quizás se juegue más claramente en función de la postura que adoptamos y transmitimos respecto del dar y recibir. No es lo mismo haber escuchado de tus padres el mandato de «tienes que estar permanentemente listo a dar lo mejor de ti», que haber escuchado «tienes que estar permanentemente abierto a recibir las mejores cosas».

Didácticamente y en función de la relación que se establece entre lo que alguien está dispuesto a dar y lo que pretende recibir, podríamos formular entonces cinco posiciones:

1. **Dar poco y recibir poco:** que es el mensaje de los padres negligentes y nos refiere a la miseria y el abandono.
2. **Dar mucho y recibir poco:** que es el mensaje de los padres autoritarios y nos refiere a la búsqueda de la bondad y la virtud.
3. **Dar poco y recibir mucho:** que es el mensaje de los padres complacientes y nos remite al placer y el disfrute.
4. **Dar y recibir en igual medida:** que es el mensaje de los padres correctos y nos conecta con la búsqueda de la justicia y la ecuanimidad.
5. **Dar mucho y recibir mucho:** que es el mensaje de los mejores padres y nos pone en el camino del encuentro de la satisfacción y la realización.

Es nuestra convicción que los padres deberíamos alimentar en nuestros hijos esta quinta postura de un flujo de intercambio más grande con el mundo y con los otros.

Traduciendo con una libertad casi impertinente una vieja enseñanza china, podríamos concluir este capítulo citando este poema:

Tú..., hijo mío,
luz de mi presente y del futuro de todos
intenta dar mucho y recibir mucho.
Intenta dar siempre lo mejor de ti
y recibir siempre lo mejor de los demás.
No creas en aquellos que sostienen
que tienes que elegir entre ser bueno y disfrutar,
entre hacer lo que quieres y lo que está bien.
Porque haciendo las cosas bien, disfrutarás más
y si lo disfrutas, harás todo de la mejor manera.

6

EL EJEMPLO
(LOS PADRES COMO MODELO)

LOS TRES MÉTODOS EDUCATIVOS

Como se sabe, después de decidir el Qué, sigue encontrar el Cómo.

Ahora que hemos visto *qué* es lo que queremos transmitirles a nuestros hijos, tendremos que vérnosla forzosamente con ese *cómo*. Tendremos que precisar los métodos que utilizaremos para llevar a cabo nuestra tarea, que es, recordemos, la de darles a nuestros hijos las herramientas para que vivan la mejor vida posible.

A grandes rasgos, descartando el método autoritario («harás lo que yo te diga») del que ya hemos hablado y al que hemos criticado suficientemente, podríamos distinguir otros tres caminos o métodos que discutiremos en este capítulo y en los dos siguientes. Son bastante diferentes entre ellos y, las más de las veces, incompatibles:

El Método del **Ejemplo**: «Harás todo lo que yo hago».

El Método de la **Enseñanza**: «Yo te explico cómo se hace».

El Método de la **Motivación**: «Yo te señalo el camino».

Estos tres métodos se corresponden, como es lógico, con los tres mecanismos o procesos a través de los cuales las personas podemos aprender, descubrir o incorporar nuevos conocimientos o nuevos hábitos.

La transmisión a través del ejemplo se sostiene en la capacidad de imitación.

La enseñanza apela a nuestras habilidades cognitivas superiores, que nos permiten incorporar el conocimiento del afuera a partir del lenguaje y la abstracción.

La guía intenta desencadenar el aprendizaje a través de la prueba y el error.

Obviamente, también hay un sustrato para el método coercitivo (del educador tirano) que descartamos antes, y ese modo de operar es justamente una de las causas de su descarte. Este método actúa apoyándose en el miedo y la sumisión.

EL EJEMPLO COMO TRANSMISIÓN

Lo que nos parece más importante remarcar de este mecanismo es a la vez su mayor ventaja y su peor defecto: el ejemplo está en acción de forma constante. Es decir, nuestros hijos aprenden del ejemplo que les damos todo el tiempo: lo queramos o no. No es un mecanismo que se prende solo cuando lo deseamos y se puede apagar cuando no nos conviene. No se activa solo cuando hacemos las cosas bien, cuando somos coherentes con lo que dijimos antes y cuando actuamos con consideración hacia los demás... Desafortunadamente, nuestro ejemplo también impregna a nuestros hijos cuando lo que queda expuesto por nuestra conducta es lo peor de nosotros: cuando maltratamos a otros, cuando nos quejamos de forma constante, cuando actuamos de forma contraria a lo que sostenemos, cuando somos miserables (con los demás o con nosotros mismos...).

Para bien y para mal, nuestros hijos nos miran constante y ávidamente y, eventualmente, nos imitarán y seguirán nuestros ejemplos. Aprenderán de lo que han visto, tanto de aquello que hemos querido mostrarles, como de aquello que hubiéramos preferido ocultarles o ahorrarles.

Hace no demasiado tiempo un paciente mío, padre reciente, me comentó:

—Antes yo vivía despreocupadamente, hacía lo que se me antojaba sin darle demasiada importancia. Ahora tengo que pensar cada cosa que hago porque no me cabe duda de que el pequeño me está mirando y absorbiendo todo.

En efecto, mi paciente está en lo cierto. En el lenguaje popular suele decirse así: «Los chicos son una esponja»; en lenguaje técnico debiéramos decir que, para los padres, todo acto es transmisión.

Padres y madres debemos comprender que educamos no solo con lo que hacemos *con* o *hacia* nuestros hijos, sino también con lo que hacemos *alrededor de* ellos. Por eso debemos estar atentos y considerar el mensaje que estaremos transmitiendo cuando nos conducimos de tal o cual manera. Una atención especial, por el efecto poderosísimo que tiene sobre nuestros hijos, debemos destinarla al modo en que nos tratamos a nosotros mismos, pues de seguro influirá en el modo en que ellos se traten a sí mismos.

¿De qué sirve, por ejemplo, que repitamos «cuídate mucho», si el niño o la niña ven que nosotros nos descuidamos día tras día?

No son pocas las veces en que el mensaje que enviamos a través del ejemplo es discordante o más aún francamente contradictorio con la pauta que estamos queriendo establecer de forma explícita.

El ejemplo que me parece más claro es uno en el que, me avergüenza confesar, me he encontrado a mí mismo alguna vez. El hecho, con matices, es básicamente como sigue.

El pequeño Andrés está jugando en su cuarto. Es la hora de la siesta, pero la aventura que ha imaginado, al parecer, es emocionante y él está concentrado. Su voz llega sonora hasta el comedor donde el padre trabaja.

—¡¡¡Bum!!! ¡Rayo láser espectral! ¡¡¡Toma eso, malvado!!! ¡¡¡Aaaaaarrrrggghhhh!!!

El padre se levanta y va hasta el cuarto del niño.

—Hijo, baja la voz. Hay gente durmiendo a esta hora.

—Ok —dice Andresito casi sin prestar atención, pues sostiene en una mano al héroe y en la otra a la nave enemiga en posición amenazadora.

El padre regresa al comedor y a los pocos minutos vuelve a oír los gritos del niño.

—¡Ahhh...! ¡Maldito! Tomaaa... Ratatatatatatataaaaa...

Ofuscado, el padre vuelve hasta la puerta de su hijo y le grita desde allí:

—¡¡¡ANDRÉS!!! ¡¡Te he dicho que no grites!!

Está claro que, si el mensaje explícito es: «No grites», lo que efectivamente se transmite con el ejemplo es todo lo contrario: «¡Grita!». Y cuando el otro grite, grita más fuerte. Y cuando te enojes, especialmente cuando te enojes, grita aún más.

Cuando lo vemos así escrito, resulta bastante evidente, pero creemos que, más veces de las que podríamos pensar, entramos en este tipo de contradicciones.

La pésima noticia es que, sobre todo para los niños, cuando exista conflicto entre un mensaje explícito y uno implícito, el segundo será siempre más poderoso. ¿Por qué? Pues porque elude todos los mecanismos de filtro y procesamiento de los que la conciencia dispone.

Recuerdo a una mujer que se sentía a la vez sorprendida y entristecida porque su hijo adolescente había, de buenas a primeras, dejado los estudios de arquitectura y se había trasladado a una localidad alejada, más bien rural y con fama de ser un tanto «hippie».

—Las prisas de la ciudad no son para mí, mamá —le había dicho el muchacho—. A mí me gusta el verde, la tranquilidad.

La madre no podía entenderlo: ella era profesional, su marido lo había sido (había fallecido dos años antes), habían vivido toda la vida en un apartamento en medio de la ciudad. ¿De dónde había surgido aquella inclinación en el muchacho?

Ya con alguna sospecha, le pregunté a la mujer cómo había muerto su marido.

—De un infarto —dijo—. Ya había tenido dos anteriores, pero nunca se había cuidado como los médicos le indicaban. Vivía estresado y preocupado. Trabajaba demasiado.

No fue necesario elaborar más. Al contestar a mi pregunta, la mujer pudo ver sin ayuda y con claridad la indudable relación causal que había entre la muerte (o más bien debiéramos decir «entre la vida») que su marido había tenido y la elección vital de su hijo. Sí, la teoría que se había instalado en la familia, a la que ella también suscribía (con razón o no), era la de que el padre del muchacho había muerto a causa del estrés que le producía la vida urbana y laboral. ¿Cómo habríamos de esperar una cosa distinta que este intento del chico de apartarse, lo más que pudiera, del modelo de vida de su padre?

Y agregamos, sin ir tan lejos: si vivimos diciendo, proclamando y casi predicando que vivir en una ciudad como la nuestra nos mata, que el ritmo cotidiano agobia, que la contaminación de la urbe asfixia, lo más natural, esperable y sano es que quien nos escucha a diario no quiera elegir un destino como el nuestro para sí mismo.

Por supuesto que el poder de esta transmisión pasiva también funciona en forma positiva:

Ya he comentado algo acerca de lo que mi padre me dijo a la hora de elegir mi carrera profesional; he mencionado la curiosidad que me despertaba su tarea a un nivel profundo. También, creo, cuando hube de elegir pesó esto: yo veía a mi padre feliz con aquello a lo que se dedicaba. Cuando estábamos de vacaciones en la playa, mi padre leía alguna que otra novela policíaca, pero, más que nada, leía sobre psicología; llevaba siempre un cuaderno de espiral en el que tomaba notas y hacía diagramas; se entiende: si lo hacía en aquel momento (en que podía estar haciendo cualquier otra cosa) era evidente que lo hacía porque le gustaba. Otro aspecto que no se me escapaba era que el trabajo de mi padre era suficientemente rentable como para sostener a una familia; no había lujos, es cierto, pero tampoco carencias. Por último, yo veía que mi padre obtenía una gran satisfacción al poder ayudar a otros con lo que hacía. Recuerdo que cuando un paciente llamaba a mi padre durante el fin de semana (¡a casa!: en aquel momento no existían los móviles), mi padre siempre lo atendía; se iba al comedor y cerraba la puerta tras de sí.

—No se puede pasar —decía mi madre—. Papá está trabajando.

Mi padre regresaba a casa tarde por la noche, luego de que todos ya hubiéramos cenado, pero jamás lo oí quejarse. Lo que con su ejemplo, y seguramente sin conciencia plena, mi padre me había transmitido era que la profesión de psicoterapeuta podía darte: satisfacción, pasión, dinero y la gratificación de ayudar a otros. La conclusión la he formulado alguna vez así: ¿cómo podía yo no querer todo aquello?

Quizás valga la pena anotar aquí otra vivencia.

Mi padre no fue médico. Pero siempre decía que hubiera querido serlo. Las circunstancias que le tocaron a su familia no se lo permitieron. Debió salir demasiado joven a trabajar para dar de comer a una familia numerosa en cuyo núcleo no había tradición de estudio: él fue el primero en albergar ese deseo. Me conmueve recordar con cuánta emoción, el día que me licencié, elegí ir directamente a ver a mi padre, en la oficina de seguros en la que trabajaba.

Yo había guardado el secreto de que estaba por presentarme a mi último examen.

Cuando me abrió la puerta, lo abracé y le dije:

—Papá, ¡nos ha llevado treinta años, pero al final nos hemos licenciado!

Se podría acusar aquí a mi padre de lo mismo que yo me acusaba imaginariamente de adolescente y decirle: «Entonces a ti te impulsaba el deseo de tu padre, no el tuyo propio». Tampoco en el caso de mi padre considero válida esta acusación. ¿Y entonces qué explicación hay? Que los deseos, si son expresados o percibidos (¿podrían no serlo?) y los ideales que tenemos, también funcionan como transmisión. Mi abuelo no podía transmitirle a mi padre (como él lo hizo conmigo) «ser médico es maravilloso», puesto que él no lo era, pero a todos los efectos le transmitió: «ser médico sería maravilloso». Para el caso, lo mismo da.

EL EFECTO DE NUESTRAS CREENCIAS

Esto último es algo a tener muy en cuenta en nuestra tarea como padres: influenciamos a nuestros hijos con lo que hacemos y con lo que descartamos, así como con lo que anhelamos y con lo que despreciamos.

Cuando mi primer hijo era pequeño, yo solía ver en casi todo lo que el niño hacía un reflejo mío o de su madre. En ocasiones, no hacía falta ser especialmente perspicaz. Cuando yo me sentaba a escribir en mi vieja máquina de escribir sobre la mesa del comedor, mi hijo iba a su cuarto y traía una pequeña máquina de juguete que su madre le había comprado y se sentaba a mi lado.

—¿Qué haces, papá? —preguntaba.

—Escribo un libro —le decía yo—, ¿y tú?

—Yo también —me decía y aporreaba con sus deditos las letras de su juguete siguiendo algún orden misterioso.

Muchos padres, en una situación similar llegan a una conclusión algo precipitada:

—Educar a un niño no es tan difícil —sostienen con cierta ingenuidad—: él hace lo mismo que tú. Obedece las reglas como lo haces tú, se encapricha como tú te encaprichas, manipula como tú manipulas, se queja como tú te quejas. Tus hijos serán cariñosos o agresivos en la misma medida que tú, abiertos o reservados como tú, generosos o mezquinos, responsables o indolentes, como tú... La cosa es más bien sencilla.

Por supuesto que, a medida que los hijos van creciendo, todos los padres y madres nos damos cuenta con cierta inquietud de que hemos sido demasiado simplistas. El axioma no es del todo real: nuestros hijos hacen también sus propias cosas, tienen sus propios rasgos y llegan a sus propias conclusiones. Sin embargo, no deja de haber una gran cuota de verdad en aquella primera conclusión (aunque no sea eterna, ni infalible).

Lo que sí parece ser incuestionable es que aquello que los padres asumimos como verdades respecto de nuestros hijos acaba por ser cierto con el tiempo (o cuando menos, por marcar una fuerte tendencia) independientemente de que fuera así en un comienzo o no.

Un paciente me comentó una vez que, en medio de una discusión, su madre le gritó lo que ya otras veces le había insinuado:

—¡Haz lo que quieras! Nunca te he importado. ¡¡Me rechazas desde el día en que naciste!!

«¡¿Me rechazas desde que naciste?!».

¿Qué podía haber hecho mi paciente para merecer esta declaración? ¿Acaso pateaba el útero de su madre desde dentro con intención maligna?..., ¿o le mordía el pezón con evidente saña mientras su madre lo amamantaba?...

Por supuesto que, como te imaginas, asumí que lo más probable era que fuese la madre quien rechazaba al pequeño desde su nacimiento (o quizás desde antes). Por alguna razón no había podido aceptarlo en su corazón y era ese rechazo el que más tarde veía, reflejado en su hijo.

No habría sido extraño que, en efecto, mi paciente hubiera terminado por rechazar a su madre, aunque hasta donde yo podía ver, afortunadamente no era el caso... (todavía).

Nuestras predicciones enunciadas se convierten la mayoría de las veces en realidades tangibles, mediante el mecanismo de la profecía que se autocumple. Si repetimos una y otra vez: «Este niño es un terremoto» o «Es gruñón como su padre» o «La cabeza no le da» o «Es un mentiroso»..., lo más probable, claro, es que termine por serlo o por parecerlo.

No solo por lo dicho, pero también por eso, intentemos no apresurarnos en dictaminar cómo es un niño. Esto no suele ser sencillo, porque a los padres (y también a los abuelos, a los tíos y a todos los otros adultos que pululan alrededor) les encanta adjudicar rasgos, características y juicios de valor. Es un modo de apropiarse del niño y, hasta cierto punto, de controlarlo y de saber qué esperar de él.

Cuentan que una tierna abuelita paseaba con sus nietos por la plaza. En un momento se sienta en un banco mientras los niños corren a los columpios.

—¿Sus nietos? —pregunta un señor que se sienta junto a ella.

—Sí, los dos —dice la anciana con una gran sonrisa.

—¿Qué edad tienen? —pregunta el hombre.

—El médico ocho y el abogado cuatro —contesta la abuela con orgullo.

Hoy sabemos que las conclusiones cuasi diagnósticas o prejuicios apresurados coartan la plasticidad y flexibilidad de los niños y los encierran en un molde prefabricado. Lo mejor sería darse un tiempo muy largo para observar lo que el niño hace antes de dictaminar cómo es (y aun después de darse un tiempo, en general, sería mejor no encasillarlo en nuestras conclusiones).

¿NATURA O NURTURA?

En la comunidad científica existe, desde hace muchísimo tiempo, el viejo debate que se resume en esta opción: natura o nurtura. Es decir: ¿qué determina el resultado final de la condición humana: la naturaleza (los genes) o la nutrición (lo que el ambiente proveyó luego)? ¿Genética o crianza: qué es lo fundamental?

Suponemos que, también a ti, al leer lo que escribíamos antes quizás te hayan surgido algunas de las preguntas que los expertos en conducta y desarrollo se hicieron y siguen haciéndose: ¿existen las cuestiones «propias» y congénitas en el niño?, ¿cosas previas a su crianza?, ¿características, rasgos, predisposiciones que el niño ya trae «de cuna»? ¿Qué fuerza determinante tienen los genes?

Vayamos por partes. En primer lugar, podemos asegurar que, en efecto, existen elementos de la identidad de cada uno que son propios desde niño, previas a toda influencia de otros e independientes de toda pauta de crianza. Negar este hecho equivaldría a decir que un bebé es tan solo una pizarra en blanco donde puede escribirse con completa libertad o sostener que, a la hora de educar, todos los bebés son iguales y que lo mismo da educar a uno que a otro, pues ellos tan solo serán el resultado de lo recibido, de lo que se les va depositando. Estamos convencidos de que no es así; el tema es qué lugar les daremos a estas cuestiones previas, en especial, a la genética.

Este dilema bien podría resolverse planteando una vieja pregunta:

«¿Qué es lo que endulza el café? ¿El azúcar o agitarlo con la cucharita?».

Obviamente, si no pones azúcar, agitar el café no tiene efecto alguno. Sin embargo, si pones azúcar y no lo agitas, tampoco se endulzará. Respuesta entonces: lo que endulza el café son las dos cosas. No es una sin la otra, ambas son necesarias.

De forma paralela, nuestros rasgos de personalidad, nuestros modos de conducirnos, nuestra manera de «ser», está determinada por la genética y por el entorno. Ni una ni la otra podría, sin su complemento, generar el resultado final que somos nosotros.

Esta respuesta es indudablemente cierta; pero acarrea un problema: no nos ayuda a seguir pensando. A nadie que haya dedicado algún tiempo a pensar la condición humana puede escapársele que tanto lo innato como lo adquirido tienen efecto sobre nuestro desarrollo, pero la pregunta más interesante sigue estando allí:

¿Cuál de las dos, natura o nurtura, influye más?

Aquí hay que jugársela (mojarse, como se dice en España).

Pues bien, lo haré.

Mi respuesta es: nurtura. Sinceramente estoy convencido de que, en lo que atañe a nuestra personalidad y a nuestro modo de relacionarnos con los demás, el efecto de la crianza y de lo aprendido es mucho más importante que la impronta de los genes.

Somos de la opinión de que nuestras preferencias, nuestra identidad y nuestros modos repetitivos de actuar, están mucho más determinados por lo que hemos vivido (siendo bebés, niños, adolescentes o adultos...) que por los genes con los que hemos sido concebidos. Rechazamos enérgicamente la idea de que la bondad o la maldad se hallan encriptadas en alguna oscura secuencia de nucleótidos. Las conductas violentas o adictivas se explican mucho menos por su componente biológico que por modos defensivos de enfrentarse (o no enfrentarse) a lo que la realidad impone.

Una salvedad a esta posición, que seguramente aparece en nuestra mente porque ambos somos médicos especializados en psiquiatría, la constituyen algunos desórdenes psiquiátricos mayores, como la esquizofrenia o el trastorno bipolar. En todos ellos está bastante claro que existe una predisposición biológica y por ello heredable, determinada por ciertos genes aun inciertos, cuya presencia es condición necesaria para que estos desórdenes se desarrollen.

Los síndromes depresivos y ansiosos constituyen un buen ejemplo de nuestra posición. Si bien existe cierta tendencia hereditaria que confiere una facilidad para que la persona reaccione de una determinada manera disfuncional frente a una situación estresante o desfavorable, el peso de lo ambiental, de lo que le sucede y de lo que decide hacer con ello, es otra vez determinante del trastorno patológico, de la ruptura con lo sano y adecuado.

Muchas son las investigaciones que se han planteado científicamente para dirimir esta cuestión. Se trata, en general, de estudios llevados a cabo en gemelos que han sido criados en familias diferentes y en los que se confirma que, pese a que ambos tienen idéntica carga genética, sus modos de actuar y sus rasgos de personalidad son bastante diferentes, a veces opuestos... En algunos estudios se ha probado que el gemelo acaba por parecerse más a su hermanastro (con quien comparte los mismos padres) que a aquel que comparte sus genes.

Hay otra razón por la cual preferimos y elegimos anteponer lo aprendido a lo genético. Esta razón no está caracterizada por una gran contundencia teórica, pero tiene sin lugar a dudas un enorme peso práctico.

Pensamos que lo ambiental pesa más que lo genético... porque conviene pensarlo así.

Razónalo con nosotros; si todo lo que somos, fuimos y seremos estuviera determinado en el códice de nuestros genes, ¿de qué serviría aprender nuevos modos de estar en el mundo?, ¿para qué buscar la forma de relacionarnos mejor con nuestros seres queridos?, ¿cómo entrenarnos en conductas más eficaces? Y, sobre todo, ¿cómo conquistar el objetivo de sufrir menos y enseñarlo a otros... si creemos que todo ya está escrito y determinado? Si así fuera, padres, educadores y terapeutas nos encontraríamos absolutamente atados de pies y manos, incapaces de intentar siquiera ayudar a alguien.

Necesitamos creer y apostar a que la crianza, lo aprendido y lo vivido, influyen más en el futuro de los pequeños porque así retenemos una mayor posibilidad de actuar sobre lo que sigue para ellos. Debemos confiar en nuestra capacidad infinita de aprender y enseñar nuevas cosas, de vivir de una manera diferente, de encontrar modos mejores de vincularnos. Es imprescindible asumir que podemos modificarnos y cambiar el afuera, ya que, caso contrario, la teoría de la causalidad genética se terminará pareciendo demasiado a la clásica creencia esotérica de que todo está predeterminado en el libro de nuestro destino, dejándonos impotentes.

LA IMAGEN DE LOS PADRES

Te imaginamos preguntando: si lo aprendido, en especial lo aprendido de los padres, es el principal determinante de nuestra personalidad, ¿cómo se explica, entonces, que algunos hermanos sean tan distintos entre ellos, habiendo tenido los mismos padres?

En principio, vale recordar que las pautas educativas no llegan a los niños exclusivamente de sus padres y que lo aprehendido en la infancia tiene mucho que ver también con maestros, amigos y experiencias vividas con decenas de personas, próximas y ajenas al entorno familiar. Un poco menos obvia es la aseveración que dice que los hermanos nunca son hijos de «los mismos padres».

Cada hijo llega a esa familia en momentos distintos de la vida de sus padres. En el tiempo de tu nacimiento, tu madre y tu padre vivían, pensaban y sentían cosas distintas de las que vivían, pensa-

ban y sentían cuando nació tu hermano o tu hermana. Los hermanos no tienen los mismos padres porque ellos pueden no ser ya los mismos.

El mejor ejemplo de esta aseveración nos lo provee el cine, a través de una de sus obras maestras: *El Padrino*, de Francis Ford Coppola.

Allí tenemos a Vito Corleone, el Padrino: mafioso con códigos y cabeza de «la Familia». Ciertamente, un lugar que no es fácil de ocupar y para el que se requieren no pocas condiciones. ¿Quién de sus hijos habrá de ocupar su lugar cuando Vito ya no esté en condiciones de controlarlo todo? Por derecho sucesorio, el «cargo» le correspondería al hijo mayor, Santino. Sin embargo, durante la película se hace evidente que Santino, Sonny como lo llaman, no está a la altura de tal responsabilidad: es demasiado frívolo e irritable, se deja llevar por sus emociones, habla cuando debería callar y se toma las cosas de forma «personal» (de hecho, su carácter volátil lo llevará eventualmente a caer en una trampa tendida por una «familia» rival y le costará la vida). El peso recaerá entonces sobre Michael, el hijo menor. Michael demuestra, a todas luces, ser el indicado para suceder a su padre como el próximo Padrino: es calculador, frío y resuelto, leal pero inescrupuloso cuando es necesario, entiende que los avatares de la familia están relacionados con los «negocios». Sonny y Michael son hermanos, pero son muy distintos, ¿cómo se explican las diferencias entre ellos? La saga es lo suficientemente genial como para proveernos por sí sola de una respuesta.

En *El Padrino II* se nos cuenta la historia de cómo Vito Corleone llegó a ser el líder que hemos conocido en la primera parte de la saga.

Sonny ya ha nacido, Vito es ayudante en una verdulería y vive austeramente con su esposa y su hijo, en un pequeño apartamento en los suburbios de Nueva York. Al poco tiempo, el dueño de la verdulería le avisa que debe despedirlo a causa del «impuesto» que le cobra el mafioso de turno. Vito comprende la situación y viendo cómo el Capo oprime a los trabajadores del barrio, decide matar al tal Fanucci.

Así lo hace. En el empalme con la siguiente escena, la película nos da una clave fantástica: Vito regresa a casa después de haber matado al mafioso, entra en la sala como si tal cosa (solo nosotros sabemos que ya ha dado el paso que lo llevará a convertirse en el Padrino). Lo primero que hace es tomar en brazos al niño que está en la cuna y decirle sonriendo y con orgullo:

—¡Hola, Michael! Aquí está tu papá.

Es decir: Sonny es hijo de un honesto empleado, mientras que Michael es hijo de un «padrino». Por eso, Sonny no tiene las aptitudes necesarias para suceder a Vito en su rol de cabeza de familia y Michael sí. Tienen padres muy distintos.

Sería posible, es cierto, que Sonny hubiera desarrollado las habilidades para ser «padrino» pese a ser hijo de un empleado, pero sin duda hubiese sido más difícil. También es posible, claro, que pese a ser hijo de un capo de la mafia, Michael hubiera resultado tierno y compasivo, pero reconozcamos que, a la luz de los condicionantes, eso era muy poco probable.

Una vez más, estamos diciendo que la transmisión a través del ejemplo que nos dan nuestros padres es algo poderoso..., para bien y para mal. Si pretendemos cumplir adecuadamente nuestra función como educadores, tendremos que estar atentos a este fenómeno, para encauzarlo y modelarlo en la medida de lo posible.

Atención: no creer que entonces se trata de ponernos una máscara para que nuestros hijos vean en nosotros solo las cosas maravillosas que querríamos emular para ellos. Las más de las veces esas máscaras son precarias, acaban por caer y dejar a la vista una faceta horrorosa o decepcionante que, además del efecto que tiene la nueva realidad por sí misma, conlleva el agravante de dejar al descubierto un engaño sostenido en el tiempo.

Unos años atrás me sucedió algo que me llevó a darme cuenta de lo fácil que es caer en ese error. Habíamos ido con mi familia a visitar a algún pariente y dejamos el coche en un aparcamiento. Después de pasar unas horas en casa de nuestros familiares, volvimos a retirar el coche. Le pagué al empleado que trabajaba allí por las horas de parking y, cuando fui a sacar mi vehículo, vi que una camioneta aparcada bloqueaba la salida. Le pedí entonces al empleado si por favor podía moverla para que yo pudiese salir. No me respondió y yo, creyendo que no me había oído, repetí la petición. Entonces el hombre gritó con voz enfurecida:

—¡Sí! ¡Ya te he oído! ¿¡Qué te crees, que estoy descansando aquí?!

Se subió a la camioneta, la puso en marcha y la movió a gran velocidad, haciendo que las ruedas chirriaran contra el suelo y pasando frente a mi esposa y mi hijo (aunque no tan cerca de ellos como para que estuvieran en riesgo). Algo inquieto, subí a mi familia al coche, en silencio y sin demoras, y nos marchamos de allí.

No habíamos avanzado aún una manzana, cuando mi hijo me preguntó:

—Papá, ¿te has asustado cuando el señor movió la camioneta?

Y yo, que creí que debía modelar para él una imagen de padre fuerte sin la cual él podría asustarse más, dije:

—No.

—¡Ah!... —dijo mi hijo con algo de sorpresa; luego permaneció callado un momento y concluyó con evidente impostura—... Entonces yo tampoco.

Inmediatamente me di cuenta de mi error. Lo había dejado solo. El niño ya estaba asustado, y con razón. También yo lo había estado. En mi esfuerzo por mostrar una fortaleza que no tenía, lo había empujado a que se tragara su miedo y se lo aguantara solito, so pena de quedar avergonzado frente a un padre que, según yo le estaba haciendo creer, soportaba todo. Pésimo. Hubiera sido mejor, de lejos, contarle que sí, que por supuesto me había asustado; así podríamos haber compartido aquel miedo y sentirnos, ambos, acompañados.

Hemos escuchado incontables veces que, frente a un dolor, a una pérdida o a cualquier otra circunstancia desagradable hay que mostrarse «fuerte» delante del niño o de la niña. «No llores delante de él —dicen—, de lo contrario se pondrá peor». Estas recomendaciones pasan por alto que lo más seguro es que el niño ya esté mal por lo que ha sucedido o, cuando menos, por lo que percibe como «extraño» a su alrededor. Lo que se consigue, entonces, no es que los niños no sientan el dolor, sino que se queden solos con ello, que no tengan con quién hablarlo y que se lo guarden en un tóxico silencio. Muy por el contrario, si tenemos el coraje de mostrarles nuestra vulnerabilidad, abriremos un espacio para que ellos puedan mostrar la suya y acompañarnos mutuamente.

PREDICAR CON EL EJEMPLO

Digamos, por ejemplo, que deseásemos que nuestro hijo aprenda a ser generoso. Nunca es suficiente con pretender serlo o con hacer alarde de generosidad cuando menos importa o cuando es inevitable. No basta con ir a un restaurante, dejar una abundante propina y decirle al niño (en forma tácita o explícita):

—Mira a tu padre, qué hombre tan generoso. ¡Cómo tiene en cuenta a los que no son tan afortunados como él!

Esta actitud, especialmente si se la presenta sobrecargada y alumbrada con neón, difícilmente sirva de ejemplo, y con no poca frecuencia, puede tener el efecto contrario. Lo sustancial, en todo caso, es encarnar esa generosidad que pretendemos transmitir donde realmente pesa, o sea: con el propio niño.

Una paciente mía se quejaba, entre otras cosas, de que sus hijos no la ayudaban a lavar los platos después de la cena.

—Siempre acabo lavándolos yo —decía.

—¿Y también acabas siempre por quejarte con ellos al respecto?

—Pues sí.

—Pues ellos hacen lo mismo que tú: pretenden que sea otro quien lave los platos.

Quizás un mejor camino sea conseguir que los hijos se ofrezcan a lavar los platos, en lugar de demandar que ellos lo hagan. Es evidente que la estrategia pasaría por lavarlos sin quejarse. Actuando con naturalidad, eventualmente, los niños quizás querrían ejercitar esa generosidad que han presenciado y de la cual se han beneficiado y llegarían así a imitar la voluntad de ayudar, en lugar de imitar el intento de deshacerse de las tareas ingratas.

Este modo de pensar, lo comprendemos, es opuesto a lo que se sostiene habitualmente. Suele considerarse que si los chicos «dan poco», es porque se les ha dado demasiado, porque se los ha «malcriado» (como diría mi abuela), porque son unos maleducados... Si estas ideas son el eje de nuestro pensamiento educador, la respuesta lógica frente a este tipo de cosas será decidir darles menos y pedirles más... Utilizando frases como: «A partir de ahora las cosas van a cambiar, jovencito...», «Se acabó lo que se daba...». Y muchas otras sentencias similares que se esgrimen, siempre a medio camino entre amenazas y supuestos puntos de quiebra.

Sin embargo, en nuestra experiencia, estas frases no son, la gran mayoría de las veces, la expresión de un cambio, sino, por el contrario, la justificación de los padres para profundizar y endurecer una postura que atiende más a evacuar su enojo o impotencia que a ejercer la responsabilidad de educar.

De este modo no se consigue más que recrudecer la actitud de los hijos que se muestran cada vez más reacios a colaborar o fastidiosos frente a la obligación de hacerlo. El espectro de respuestas que esta posición de los padres genera en los hijos va desde el rechazo al rencor, pasando por la rebeldía o, peor aún, el descrédito. Son estos los adolescentes que acaban por comentarles a sus amigos: «Mi viejo no entiende nada».

Proponemos que, si queremos que nuestros hijos sean considerados y nos «den» (a nosotros y al mundo, hoy y siempre) amor, atención, colaboración, deberemos «darles» (mucho, hoy y siempre) amor, atención y colaboración, aun, y especialmente, cuando ellos no se muestren muy proclives a dar ni a recibir eso.

7

LA ENSEÑANZA
(LOS PADRES COMO MAESTROS)

LA ENSEÑANZA ESTÁ EN TODAS PARTES

La enseñanza como método es, seguramente, la conducta más natural a la hora de educar. De hecho, si hay una imagen asociada a la idea de la educación es la de alguien explicándole a otro cómo se hace tal o cual cosa; es decir, una imagen de alguien que sabe *enseñándole* algo a otro que no sabe.

Una vez más, enseñar (en este sentido) no es la única forma de educar, pero es aquella de la que somos más conscientes y que utilizamos de forma más habitual cuando nos proponemos de forma deliberada transmitir un saber.

Como es obvio, este modelo vinculado a lo cognitivo es más evolucionado y sofisticado que el método del ejemplo, ya que requiere como soporte, por definición, un lenguaje completamente desarrollado y un entorno que permita una comunicación fluida. Quizás por eso las últimas generaciones hayan abusado un poco de la enseñanza cognitiva, a expensas de los otros métodos.

Es la sobrevaloración de este recurso lo que nos ha llevado a creer, hasta no hace tanto, que el único objetivo de la escuela como institución era transmitir una serie de conocimientos y habilidades desde el maestro hasta el alumno: el primero enseñaba y el último aprendía.

Les llevó casi un siglo a los educadores comprender que traspasar información no era suficiente y que la escuela tenía que asumir compromisos mayores y valerse también de muchos otros recursos y métodos formativos.

Si nos miramos con atención en nuestros hogares, como padres y madres, es probable que nos veamos también enseñando de forma constante. Hablando, explicando y corrigiendo de modo continuo sobre todo lo que «hay que saber»: desde la forma de agarrar el cuchillo y el tenedor, hasta cómo se hace una trenza, pasando por quién es el goleador del equipo local y el famoso «¿qué se diceeee?». Y no somos solo los padres los que movilizamos la enseñanza, nuestros hijos también nos lo demandan: «Papá, ¿cómo se juega al ajedrez?», «Mamá, ¿qué le digo a un chico que me gusta?». Es una tarea eterna, inagotable y, en ocasiones, agotadora. En especial cuando tenemos en cuenta todas esas pequeñas indicaciones que madres y padres damos día tras día:

Báñate, vístete, ve al colegio, sé bueno con tus amigos, comparte, no le pegues a tu hermano, come con la boca cerrada, no digas palabrotas, estudia (y trae buenas notas), no llores, no tengas berrinches, come tu comida, no comas demasiados dulces, sé bueno (sea lo que sea que eso quiere decir para un niño de cinco, ocho o diez años...).

También los adolescentes reciben su ración:

Vuelve temprano, avísame a dónde vas, ordena tu cuarto, termina tu carrera, colabora en la casa, no bebas, no consumas drogas, no uses ropa tan provocativa, no te quedes sola, no tengas sexo, ten mucho sexo (¡pero seguro!), gana mucho dinero, sé adulto (sea lo que sea que eso significa para un muchacho de quince, diecisiete o veinte años...).

¡Uf! Démosles un respiro a los pobres chicos...

Quizás sea bueno dejar claro que no pretendemos, con este listado, desmerecer el valor de estas indicaciones, aunque honestamente estamos de acuerdo con algunas de ellas y disentimos con otras. Estamos de acuerdo, por ejemplo, en que «no consumas drogas» es un mensaje que vale la pena sostener, mientras que «no uses ropa tan llamativa» no nos parece importante en modo alguno.

Claro que esta es una cuestión de criterio personal; no es posible ni deseable legislar sobre cuáles son los valores que cada quien quiere transmitir a sus hijos. Cada pareja de padres habrá de formar sus opiniones sobre estas cuestiones y decidir si son ideales que desean instaurar (o al menos intentar instaurar) en sus hijos.

Pero no es ese el punto sobre el que queremos detenernos aún. Baste por ahora remarcar cuán extendida en cantidad y variedad está la enseñanza en nuestro quehacer cotidiano de padres. Quizás debiéramos tener en cuenta este hecho para dosificarla: si andamos diciendo que no a todo, es muy probable que luego, cuando deseemos establecer un no verdaderamente importante, quede nivelado y diluido en la indiferenciada serie de interminables negativas.

LA POSIBILIDAD DE DISENTIR

Otro aspecto importante sobre el que nos interesa arrojar luz es que, mientras otros tipos de aprendizaje tienen lugar sin que padres ni hijos tomen demasiada conciencia del proceso, cuando se trata de enseñar con la palabra, ambos naturalmente se dan cuenta de lo que está sucediendo. El niño o el joven percibe claramente que hay una intención de su padre o de su madre de «educarlo», de «enseñarle» o de «hacerle saber algo». En la mayoría de los casos, esto abre un diálogo nutritivo y honesto, que por supuesto facilita el aprendizaje, al volverlo fluido y agradable. A veces, en momentos difíciles de niños comunes o en momentos comunes de niños difíciles, se abre una posibilidad que casi no existe en los otros modos de enseñanza, la del rechazo. La de la negativa del hijo a avenirse a lo que los padres proponen:

—Hazlo así, hijo.
—No quiero.

—Lo mejor es esto.
—A mí no me gusta.

—Se hace de esta manera.
—A mí no me lo parece.

Frente a esta situación novedosa y contemporánea, planteada especialmente por la difusión del modelo y por la mayor conciencia de los hijos de su derecho a oponerse, han surgido en el mundo de la pedagogía y de los textos para padres toda una serie de conductas, estrategias, consejos y supuestas fórmulas «infalibles» que buscan conseguir que los hijos (niños, púberes, adolescentes o jóvenes) acepten hacer lo que los padres les dicen que hagan (siempre por su bien, claro).

LA IMPOSIBILIDAD DE OBLIGAR

La primera de estas estrategias, trepidante, es clara y directa. Llega siempre a nuestros oídos de la mano de la tía Serafina que ha criado doce hijos o de la palabra de Paquita, la panadera, que ha tenido solo dos, pero que le han salido «un amor»:

«Si los chicos no te hacen caso... debes obligarlos».

Lo notable es que si bien la fórmula es simple y se recomienda con liviandad, llevarla a cabo sin caer en la coerción ni la amenaza no es cosa tan sencilla.

Supongamos, por poner un ejemplo clásico, que el niño no quiere tomar la sopa (que, admitámoslo, no siempre tiene un aspecto tentador). Se le dice:

—Toma la sopa, hijito.

—No —responde el pequeño, que se ha cerrado en banda.

—Toma la sopa, te digo —le dice su padre siguiendo el consejo de Paquita.

—No quiero —dice el pequeño.

¿Cómo deberíamos seguir de acuerdo con esta estrategia?

No podemos decirle: «Si no lo haces...», porque en ese caso ya no estaríamos obligándolo, sino recurriendo a la coerción (que es otra cosa y la discutiremos más adelante). Recordemos que estamos tratando de «obligarlo», no de amenazarlo. Podríamos, tal vez, decirle una vez más, en un tono más enérgico y contundente:

—Hijo, toma la sopa, aunque no quieras. ¡Es una orden!

¿Y si el niño aun así contesta: «No quiero, no quiero y no quiero»? ¿Qué hacemos entonces?

Algunos (ingenuos, escépticos u optimistas) dirán que este escenario no es posible, que si al niño se le ordena algo con convicción, lo cumple.

No es mi experiencia. En lo personal, estoy convencido de que cada vez que mis hijos obedecieron una orden, planteada en esos términos, fue debido a que previamente se había creado entre nosotros una relación de confianza en la que mis hijos sabían que si se les imponía algo con esa vehemencia era porque se trataba de algo importante o que implicaba algún riesgo para ellos y entonces aceptaban hacerlo, aunque fuera a regañadientes. Sin esa condición, la posibilidad de acatar la orden estaría apoyada en el temor que le genera al niño pensar lo que su padre hará si no obedece (en cuyo caso estaremos otra vez hablando de una amenaza, aunque tácita esta vez).

Si de verdad pensáramos en obligarlo (y aclaramos que no es ni un poco nuestra recomendación) deberíamos pensar en lo que implica forzar a alguien a aceptar lo que no quiere. Para obligar a un niño a tomar la sopa, para realmente obligarlo en sentido estricto, sería necesario agarrarle la cara, abrirle la boca a la fuerza y meterle la sopa a cucharadas (por supuesto que para ello habría también que tomarle sus manitas que intentará interponer en el medio, sostenerle con fuerza para que no gire el cuello con aversión y mantenerle luego la boca cerrada para que no escupa la sopa, de modo que no le quede más que tragársela...). La tarea planteada sería no solo difícil, sino también en extremo violenta.

Y eso es lógico porque no hay manera de «obligar» a alguien a que haga lo que realmente no quiere hacer sin recurrir a la fuerza física.

La violencia efectiva es la única forma concreta y auténtica de imposición de un criterio propio sobre la decisión de otro y, por supuesto, reafirmamos que debería, debe y deberá siempre ser excluida absolutamente de cualquier intento de educar.

En consecuencia y dado que no estamos dispuestos a utilizar la violencia, nos veremos forzados a aceptar que no podemos obligar a nuestros hijos a hacer lo que nos apetezca. Y lo que es más, en verdad, no podremos obligarlos a cosa alguna.

¿Quiere decir esto que deberemos asistir con una impasible resignación a que desconozcan nuestro criterio o intervención? No. Quiere decir que para que sigan nuestras indicaciones, sugerencias, reglas, mandatos y supuestas órdenes (que ahora vemos que no son tales) deberemos contar con su acuerdo. Entiéndase bien: no estamos diciendo que «sería bueno contar con el acuerdo de ellos», estamos diciendo que si no contamos con su aceptación, será imposible conseguir que hagan lo que pretendemos.

Ya nos parece escuchar las voces de algunos padres y madres indignados:

—¡¡¡No!!!

—¡De ninguna manera!

—¡Eso no es así!

—¡¡Hay cosas que son obligatorias!!

—No puede quedar todo a criterio de unos mocosos que no saben nada de la vida, sería una locura...

¿Tomamos otro ejemplo?

El niño no quiere ir a la escuela.

Según la idea habitual, el niño *tiene* que ir a la escuela, no hay opción. Entonces... habrá que obligarlo..., pero ¿cómo?

Si lo amenazamos con determinada consecuencia en caso de que no vaya y él lo hace, será porque finalmente ha aceptado ir: prefiere la escuela antes que aceptar la represalia que le hemos impuesto. Hemos debido contar con el acuerdo de él; a regañadientes, es cierto, pero finalmente ha aceptado, no va obligado. Hacerlo sin su acuerdo implicaría literalmente arrastrarlo por las calles hasta la escuela con el niño pataleando todo el camino, lanzarlo dentro y cerrar la puerta detrás de él (esta situación está muy lejos de ser solo producto de nuestra imaginación. Y si no nos crees, camina una mañana hasta la escuela de tu barrio y lo verás). El nivel de violencia que requeriría llevar a cabo esto es tal que hacerlo termina rayando con lo enajenado.

En todo caso, admitamos que solo es posible obligar a los niños a hacer cosas cuando son muy, muy pequeños y apenas pueden oponer resistencia, física o psicológica; cuando puedes agarrarlo con ambas manos como si fuera un paquete, ponerlo dentro de la cuna y decirle:

—Allí te quedas.

(Y aun en este caso quizás sería cuestionable.)

Pero esta situación, en la que el pequeño no tiene capacidad de hacer otra cosa más que obedecer y, por lo tanto, puedes literalmente «obligarlo», se pierde muy temprano. En cuanto el niño puede salir de donde tú lo dejas por sus propios medios, ¡zas!, adiós a la oportunidad de forzarlo sin recurrir a una violencia extrema.

Precisarás de su consentimiento.

La creencia de que podemos y debemos obligar a nuestros hijos a hacer lo que les decimos no solo es falsa, sino que, además, es en extremo dañina para todos. Cuando nos encontramos con que «no nos hacen caso», la idea de que deberíamos poder obligarlos (como sugirió Paquita) nos conduce a pensar que algo no está funcionando de forma adecuada, que no lo estamos haciendo bien o, peor aún, que no somos buenos padres (porque *no podemos con* nuestros hijos).

En la consulta vemos a diario cómo esta última lectura produce grandes frustraciones y empuja a los padres a querer doblegar la voluntad del niño sea como sea. Son padres y madres que se vuelven capaces de casi cualquier cosa con tal de no verse como fracasados en uno de los roles que, seguramente, más les importa «hacer bien»: el de educar a sus hijos. Su frustración y su impotencia los llevan a gritarles, zarandearlos y amenazarlos con las barbaridades más grandes; a imponer castigos desmedidos o a incurrir en diferentes formas de maltrato, sofisticadas y sutiles o evidentes y crueles.

Una derivación un poco menos nefasta, pero dañina por igual, es la de achacar este «fracaso» al propio niño («lo que pasa es que es un rebelde, un inadaptado y un caprichoso»). Etiquetas que le quitarán al pequeñuelo bastante esperanza de establecer en el futuro mejores vínculos con otros y consigo mismo.

¿Hay excepciones a este contundente repudio a la violencia educativa en cualquiera de sus formas?

Creemos que sí, que las hay. Pero justamente por ser excepciones, su aparición debería ser esporádica. Se trata de situaciones en las que el uso de la fuerza se hace absolutamente necesario. Obligar a un hijo a hacer algo en contra de su voluntad o impedir que haga algo que quiere hacer debe ser, en estos casos, la única opción aceptable.

Para definir qué situaciones son esas habrá que equilibrar el monto de violencia necesario y las consecuencias de permitir un curso de acción que creemos dañino.

Veamos dos ejemplos, uno del que participé como padre y otro como hijo.

Hace poco tiempo, mi hijo menor contrajo una infección para la que tenía que tomar un antibiótico, pues de lo contrario podía extenderse y complicarse. El antibiótico tenía muy mal sabor y el niño pequeño (tenía tres años en ese momento) se negaba a tomarlo. Intentamos explicarle la importancia del remedio y parecía entenderlo, pero cuando llegaba el momento cerraba la boca y apartaba el rostro. Dejarlo que no lo tomase era realmente peligroso. Finalmente, mi esposa y yo lo obligamos a tomarlo. ¿Cómo? Exactamente como describimos que habría que hacer para que alguien tomase la sopa. Le abrimos la boca, le introdujimos el medicamento con un gotero y lo forzamos a tragarlo. Así de crudo como suena. ¿Fue agradable? No. ¿Hubiera preferido no tener que hacerlo? Claro. Juzgamos que la otra opción era demasiado mala. Por supuesto, si es aceptable hacerlo para que tome un remedio importante, no lo es para que coma las verduras (ni, a mi parecer, para que tome un remedio que no es vital). Abrirle la boca para meterle un trozo de coliflor o una aspirina no me parece justificable.

El otro ejemplo sucedió cuando yo estaba cerca de cumplir mis diecisiete. Lo recuerdo claramente. Estábamos en el coche con mi padre, él conducía y yo iba en el asiento del acompañante. Hablábamos de algún tema que suscitó un comentario suyo: dijo que yo ya era mayor y que él no podía decirme lo que tenía que hacer, ni, mucho menos, decidir por mí. Luego, permaneció un momento en silencio y agregó:

—Con una excepción.

—¿Cuál? —pregunté yo intrigado.

—Que me entere de que estás tomando drogas —dijo con sinceridad.

—Y en ese caso...

—En ese caso, hijo, si no quisieras recibir ayuda, te llevaría de los pelos a internarte en el mejor lugar que pueda conseguir.

No era una amenaza. Tampoco un reto. No me estaba diciendo que se enojaría mucho si yo estuviese consumiendo drogas; no era como quien dice «si te drogas, te mato». Era la exposición sincera de un punto más allá del cual él creía que el daño que me estaría haciendo a mí mismo era tan grande que justificaba forzarme (es decir, utilizar la violencia, y por eso lo de «llevarme de los pelos»).

Debemos remarcar, por último, que estas situaciones extremas en las que la decisión de ir más allá de la voluntad de nuestros hijos puede ser el mal menor, no justifican nunca (y en esto no hay excepciones) el uso de la violencia como castigo, como disuasión o como amenaza.

Forzar a los niños a obedecer queda entonces reservado para estos casos esporádicos y no podemos contarlo como método válido para intentar que nos «hagan caso». Todos los estudios realizados en los últimos cien años en familias disfuncionales demuestran que las consecuencias de usar el poder o la fuerza, cuando son menos que absolutamente necesarios, pueden ser devastadoras para el vínculo entre un hijo y sus padres, y para su inserción social en el mundo.

LA ESTRATEGIA PYC

Es evidente que si no podemos obligarlos, lo que nos queda es tratar de convencerlos. Y esta conclusión a la que todos los padres llegamos intuitivamente, conduce a la más habitual de las estrategias parentales frente a la negativa de los hijos.

Sin darnos mucha cuenta de lo que estamos haciendo, decimos:

—Si no comes la comida, entonces... ¡no hay postre!

¡Trompetas y fanfarrias insonorizadas resuenan en la casa!

En este sencillo acto y con una sola frase, hemos inaugurado un mundo nuevo y a un nuevo habitante de él. El mundo en el que pasamos gran parte de nuestra vida y al que con estas actitudes pretendemos invitar a nuestros hijos: el mundo del «toma y daca», el mundo del «esto por aquello», el mundo de la negociación; y sin eufemismos: el mundo de los premios y castigos (de allí lo de PYC).

Esta filosofía ha gozado desde siempre de gran aceptación, en todas las latitudes y todas las culturas, y quizás por esa razón nos parece muy razonable, cuando no lo es.

Por todos lados nos llegan sentencias de supuesta sabiduría que la apoyan:

«En las relaciones hay que negociar».

«No hay mal que por bien no venga».

«La letra con sangre entra».

«Solo es valioso lo que se consigue con esfuerzo».

Y tantas otras...

Oponerse a esta estrategia plantea para un investigador honesto un problema fundamental:

¿Cómo cuestionar algo que ciertamente... ¡¡¡funciona!!!?

Generalizada y casi incuestionable, la estrategia de los premios y los castigos ha terminado por establecerse como un modo privilegiado y a veces hasta único de conseguir algo de los hijos frente a su rebeldía.

Su formato básico es:

«Si no haces lo que te digo ________________».

O

«Si haces lo que te digo ________________».

Completando el espacio en blanco con el castigo o el premio que más le guste o el que menos le guste, según sea el caso...

Si adecuamos la fórmula a la situación, lo más probable es que, en un principio, en efecto el niño «obedezca» (en el ejemplo, que coma su comida), pero nuestro problema (el de nosotros como autores de este libro, y el de todos los padres y madres) no se acaba allí.

Pues... ¿pretendemos que el niño haga lo que le decimos? ¿O es otra cosa?

¿Queremos que coma?, ¿que coma **esa** comida?, ¿que coma lo que **yo** le digo?, ¿que obedezca?, ¿que se someta?, ¿que resuelva **mi** problema alimenticio?, ¿que me permita sentir que soy el que manda?

Deberemos preguntarnos: ¿qué es lo que realmente queremos? Porque no podemos cerrar los ojos a las consecuencias que, a posteriori, dejará tras de sí este modo de manejar las cosas. Consecuencias de dos clases, las Inmediatas y las Diferidas.

Consecuencias inmediatas

Comencemos por dejar sentado lo que debería ser lo más evidente: cuando imponemos un castigo, el niño se resiente. No solo se enoja porque se lo empuja a hacer lo que no quiere, lo que no sería tan problemático (los padres tendremos que aprender a soportar que nuestros hijos se enojen con nosotros), sino que se llena de rencor porque intuye que la consecuencia que se le impone es completamente arbitraria y caprichosa. El niño (o no tan niño) se da cuenta de que no existe una relación forzosa entre la comida y el postre y de que muy bien podría disfrutar del segundo sin haber tenido que tragarse la primera. Si una cosa excluye la otra es por puro capricho de sus padres.

Y en el caso de la sopa y el postre todavía hay alguna relación de cercanía; al menos, podemos decir, son de la misma estofa. Ni qué hablar de otros casos en los que el «castigo» no tiene relación alguna con lo que se les pide que hagan.

—Si le contestas mal a tu madre, *no te compraré* ese juguete que quieres.

O peor:

—Si le pegas a tu hermano, *te quitaré* tu juguete preferido.

¿Qué relación hay entre el juguete y la madre o el hermano? Está claro que ninguna. En estos casos, el niño percibe sin esfuerzo que el castigo no es una consecuencia de las propias acciones, sino una represalia que los padres impondrán en caso de que sus exigencias no sean cumplidas.

Dicho en buen romance: es un chantaje.

Aquí y al otro lado del mundo, eso es un vil chantaje.

Imaginen esta situación: su pequeño hijo les cuenta que un compañero lo ha invitado a su cumpleaños a condición de que le regale un juguete que él tiene y que el otro codicia. Lo más probable es que todos queramos decirle a nuestro hijo que mande a su congénere a «freír churros», como se dice en Argentina, o aun a que se meta la fiestita de cumpleaños (gorritos incluidos) ya saben dónde. Nos contendremos, seguramente, en nuestro furor paterno para validar el deseo de nuestro hijo de ir al cumpleaños. Pero no cabe demasiada duda de que rechazaremos la idea de «comprar» esa invitación accediendo a una petición que no se desea satisfacer. Está claro que instaremos a nuestro hijo a no ceder a la amenaza del pequeño chantajista y que juzgaremos que este actúa, al menos un poco, de mala fe.

Si los urgimos a que rechacen firmemente este tipo de actitudes... ¿con qué criterio les pedimos que acepten nuestros chantajes? ¿Por qué pensamos que es bueno para ellos que aprendan a defenderse de esto cuando proviene de otros y les sancionamos que lo resistan cuando proviene de nosotros?

Una de las pocas fórmulas generales que suelo sostener en el consultorio está extraída de una serie televisiva. En la serie, el ficticio presidente de Estados Unidos, un hombre quizás demasiado virtuoso para ser político, sostiene frente a cada nueva demanda de los diversos grupos extremistas:

—No se negocia con terroristas.

Nos cuesta pensar en nosotros o en nuestros hijos en términos tan graves y sensibles como terrorismo o chantaje, pero, dejando de lado ese prejuicio, la sentencia de «No negociar» sigue siendo válida para todas aquellas situaciones en las que alguien nos plantea una demanda con la siguiente estructura:

Si no haces **A**, entonces te haré **B**.

En ese sentido, cualquier amenaza de represalia a nuestros hijos es terrorismo. Un terrorismo de poca monta, es posible, pero terrorismo al fin, aunque suceda en el entorno familiar. O quizás habría que decir: especialmente en el entorno familiar, y especialmente si lo formulan los padres. De hecho, en ese caso, habría que llamarlo terrorismo de Estado, puesto que (al igual que el Estado) los padres tienen el monopolio del uso de la fuerza.

Entendemos que tú que nos lees no quieras o no puedas estar de acuerdo con esto que decimos, ya que como padres podríamos objetar que, a diferencia de los chantajistas y los terroristas (que usan estos medios para conseguir sus propios fines macabros), nosotros hacemos lo que hacemos... por el bien de nuestros hijos; lo hacemos... ¡por ellos! Con todo respeto, o un poco menos, permítenos desconfiar de la idea de que conocemos a ciencia cierta lo que es mejor para ellos. Además, por mejores intenciones que se tengan, nuestros hijos no dejarán por ello de *sentirse* chantajeados y manipulados.

Después de muchos años de trabajar con pacientes, podemos asegurar que las consecuencias directas de los chantajes manipuladores y las amenazas veladas de los padres son bastante severas; pero, sin medias tintas, sostenemos que los efectos que la imposición de castigos deja a largo plazo son aún peores.

Usemos para ilustrar este punto un ejemplo que ya se ha convertido en un clásico de nuestro tiempo:

El muchacho no estudia; en lugar de ello, se pasa gran parte del día jugando a videojuegos. Cuando llegan las evaluaciones y las notas son bajas, los padres toman una decisión previsible: quitar la consola de juegos de la habitación del muchacho.

Si a partir de esta intervención, el chico se pone a estudiar (lo que ni siquiera es seguro), la medida, aunque «exitosa», conlleva un resultado nefasto.

¿Por qué nefasto si se ha conseguido el objetivo?

Porque el objetivo nunca debió haber sido que el joven simplemente regresara al estudio sin importar qué motivo tuviera para hacerlo. El objetivo debería ser (y en este caso sigue siendo) que retome sus estudios con convicción y responsabilidad. Si las motivaciones son espurias, como en el caso relatado, en lugar de esa conciencia hemos establecido que una buena razón para estudiar es disponer del acceso a los videojuegos.

Podemos imaginar al muchacho comentando con sus amigos:

—Tengo que subir la nota en matemáticas y geografía, porque así mis padres me devuelven la consola.

Y lo peor de todo es que hemos establecido, sin quererlo, que la consola y los juegos son lo deseable y que estudiar, por oposición, es lo desagradable... (He aquí la pauta nefasta.) Malo en el momento y peor en el después, ya que, con nuestro acuerdo, esta falsa verdad podrá dar lugar a una catarata de equivocadas conclusiones, actitudes y respuestas a cual menos adecuada:

La primera: en cuanto el muchacho pueda comprarse por sí mismo una consola de juegos, no estudiará más. Para qué hacerlo, ya no habrá razón alguna para seguir en ello.

La segunda: en cada una de las nuevas oportunidades en las que la disyuntiva sea entre los videojuegos o su equivalente (diversión, juerga, fiesta, risa y cachondeo), por un lado, y el estudio o su equivalente (trabajo, responsabilidad, tarea), por el otro, la preferencia del muchacho caerá siempre del primer lado, ya que eso es lo que le hemos enseñado.

La tercera: crecerá creyendo que hay cosas que algunos dicen que son nobles e importantes, pero que solo se hacen tales cuando no queda más remedio.

Si utilizamos el método de imponer premios y castigos de forma sistemática, terminamos sindicando, sin quererlo, como lo bueno y deseable justamente aquello que quisiéramos desaconsejar y reduciremos todas aquellas cosas que nos parecen valiosas al rol de males necesarios.

La «mejora»: del PYC al PYSP

En años recientes, desde cierta perspectiva progresista, se ha propuesto como alternativa protectora y con el afán de evitar consecuencias, SUPRIMIR todos los castigos, quedándonos solo con los premios (PYSP son las iniciales de Premios y Solo Premios).

Así, en este nuevo esquema, en lugar de sancionar las conductas que se consideran perjudiciales o dañinas, y premiar aquellas que resultan adecuadas o esperables, solo se tienen en cuenta estas últimas.

En un ejemplo:

—Si traes buenas notas, te regalaré un juguete.

Nadie puede discutir que esta nueva estrategia significa, en principio, un gran avance hacia una educación mejor y que evita, al menos, el resentimiento que los hijos desarrollaban frente a los castigos repetidos. Centrándose en premiar lo bueno, podríamos decir que los hijos reciben (o no) «algo más» (en general, algo agradable con lo que no contaban), pero nunca se enfrentan con el «algo menos» (resultado de que se les quita algo que ya tenían).

Sin embargo, el beneficio de esta estrategia tampoco es duradero. Al poco tiempo, nuestro hijo o hija se dan cuenta siempre de que el otorgamiento de premios es tan caprichoso como sería la adjudicación de castigos y de que los padres premian o no de acuerdo con su parcial y sesgada preferencia. Algo que podría ser un boomerang si los premios frente a determinadas situaciones se vuelven una costumbre. En esos casos, el premio pasa de ser una gratificación a ser una obligación que debe cumplimentarse religiosamente so pena de que el crío nos acuse de haberlo estafado.

—Pues bien, pasé de curso. ¿Qué tienes para mí? —dice el jovencito.

—Nada, hijo, aunque te felicito.

—¿Cómo nada? El año pasado me compraste una bicicleta cuando pasé de curso, y el anterior, el patinete... Venga, dame ya el scooter que te he pedido...

Cuando esta absurda lógica del reclamo se establece, la mejora que los premios suponían ante los castigos se ha desvanecido por completo. Si el chico estudia solamente porque conseguirá el prometido viaje de fin de curso o come las verduras tan solo para que se le conceda una golosina después, no hemos conseguido gran cosa respecto de sus hábitos de estudio o de alimentación. Una vez más: cuando pueda costearse un viaje o comprarse el chocolate, adiós al estudio y a las verduras...

Y aun cuando pudiese evitarse este efecto de acostumbramiento, a la larga, el sistema de premios no supone un gran avance en la educación, ya que nada ha quedado en los hijos que los haga inclinarse hacia lo que es mejor para ellos. Seguirán eligiendo por los motivos equivocados lo que con frecuencia acaba por tergiversar sus valores, sus prioridades y sus creencias.

Parecería que hemos llegado a un atolladero.

1. Los ejemplos que podemos y solemos dar no siempre son expresión de lo que quisiéramos transmitir.
2. El tratamiento de la conducta, que permita obligar a los pequeños a obedecer, requiere una confianza previa que todavía no sabemos cómo fomentar o nos lleva peligrosamente cerca de la violencia.
3. Los premios y castigos resultan caprichosos y acaban por generar una escala de valores inversa a la que nos proponemos establecer.

¿Cómo podemos entonces educar a nuestros hijos?

¿De qué otro método disponemos?

Nos resta aún una posibilidad de la que no nos hemos ocupado; la hemos llamado genéricamente el Método de la Motivación y nos invita a transformarnos no ya en ejemplos a imitar, no en autoridades o jueces a los que obedecer o temer, no en maestros que enseñan, sino en verdaderos Guías de nuestros hijos.

8

LA MOTIVACIÓN
(LOS PADRES COMO GUÍAS)

¿POR QUÉ NO HACEN CASO?

La idea de guiar nos lleva a la imagen de alguien que conduce a otros a través de un territorio desconocido y que señala el camino correcto, que avisa de los peligros que podemos encontrar si seguimos tal o cual sendero, y que nos cuenta las ventajas de un rumbo u otro. Un maestro que guía debería ayudarnos, a fin de cuentas, a llegar a donde pretendemos ir... sin intervenir en la decisión de ese destino.

Lo cual nos lleva a la necesidad de contestarnos algunas preguntas.

Si lo que les proponemos tiene como fin último su propia felicidad..., ¿por qué deberíamos tener que forzarlos para que nos hagan caso?

¿Cómo es posible que tengamos que luchar con ellos para que acepten lo que, a fin de cuentas, es mejor para sí mismos?

¿Por qué serían necesarias tantas diversas estrategias?

¿No deberían, acaso, aceptar lo que les damos de buen grado?

Estos interrogantes abren tres opciones. La primera implicaría volver a preguntarnos honestamente si estamos pidiendo lo que pedimos solo por su bien. Por ejemplo: si esperamos de ellos que obtengan buenas calificaciones, es posible que lo hagamos porque consideramos que será importante para su futuro; pero también existe la posibilidad, quizás no tan consciente, de que sea un modo de salvaguardar nuestro propio narcisismo: tener un hijo que «fracase» académicamente podría equivaler, para algunos, a fracasar como padres...

La madre ponía gran empeño en enviar a su hijo a la escuela con una bata deslumbrante de blancura y con un planchado perfecto. Cada vez que el niño regresaba con aquella prenda sagrada llena de manchas y arrugas producto del juego y del descuido, la mujer prácticamente montaba en cólera. Lo notable, sin embargo, eran las razones que argumentaba para su enojo. Mientras lo increpaba con el dedo índice extendido muy cerca de su carita, le decía:

—Tú no te preocupas..., pero cuando las vecinas te vean andar así por la calle, todo mugroso, sucio y descuidado..., ellas no dirán: «¡Mira ese niño, qué mal!», ellas se juntarán en la plaza y dirán: «¡¡¡Mira esa madre, qué mal cuida a su niño!!!».

Esa madre, condicionada por su propia educación a sobrevalorar la opinión que el entorno tendría de ella, estaba preocupada por su imagen social, y su intervención estaba diseñada para cuidar eso. El bienestar, la educación y hasta la propia imagen social de su hijo, si entraban en la ecuación, tenían un rol secundario.

Y no es que sea muy reprochable tener intereses egoístas, aun aquellos un poco superfluos como el de que nos interese lo que otros dirán de nosotros (¿quién puede jactarse de ser por completo inmune a ello?), ese no es el problema. El problema está en que, si es un interés propio el que perseguimos, no podemos esperar que el otro, aunque sea nuestro hijo o hija, lo cumpla sin chistar. Tampoco es justificable (ni recomendable) intentar que nuestros hijos satisfagan nuestros deseos haciéndoles creer que se lo exigimos «por su bien».

La segunda posibilidad que justificaría la resistencia de los hijos a seguir nuestros tan bienintencionados consejos es que nuestra propuesta, aun cuando genuinamente haya sido pensada en beneficio de ellos, simplemente esté equivocada. Nunca es sencillo saber qué es lo que es «bueno» para otro, ni siquiera si el otro es la persona que más quiero en el mundo, ni siquiera si lo conozco desde que nació, ni siquiera si el otro es «sangre de mi sangre» (como dicen las madres). Es bastante fácil que, aun con las mejores intenciones, traslademos sin más lo que nos haría o ha hecho felices a nosotros y supongamos que, por fuerza, hará feliz también al otro. Pero el otro es siempre otro y aun nuestros hijos (¡gracias a Dios!) son distintos de nosotros y lo que les hace bien o les conviene puede también diferir.

Nuevamente esto no significa que debamos obligarnos a no opinar. Como si le dijésemos a nuestra hija de catorce años: «Tú eres diferente de mí, de modo que no puedo saber lo que será mejor para ti, así que me callo. Haz lo que te parezca y buena suerte».

En modo alguno es esto lo que proponemos.

Más bien se trata de aprender a opinar, intervenir, decir, sugerir, aconsejar y señalar, sin perder de vista que podemos estar sesgados a la hora de preferir uno u otro camino para ellos.

Si nuestros hijos comprueban que opinamos teniendo en cuenta que la que les transmitimos es nuestra mirada, basada en nuestras propias experiencias y creencias, y que no nos arrogamos un saber universal respecto de lo que es mejor en el universo, ni tampoco de lo que es necesariamente mejor para ellos, creemos que los hijos podrán escucharnos con mayor apertura, sin sentir que los aplastamos con saberes dogmáticos.

—Papi..., papi..., estuve con Huguito, que viene de pelearse con su papá...

—¿Y por qué se peleó con su papá?

—Porque el papá de Huguito dice que él sabe más que Huguito...

—Y sí..., hijo, el papá de Huguito sabe más que Huguito.

—¿Y cómo sabes que eso es así, si no conoces al papá de Huguito?

—Bueno, porque es el padre, hijo, y el padre sabe más que el hijo.

—¿Y por qué sabe más que el hijo?

—Y... ¡porque es el papá!

—¿Qué tiene que ver?

—Bueno, hijo, el papá ha vivido más años..., ha leído más..., ha estudiado más... Entonces sabe más que el hijo.

—Ah... ¿Y tú sabes más que yo?

—Sí.

—¿Y todos los padres saben más que los hijos?

—Sí.

—¿Y siempre ha sido así?

—Sí.

—¿Y siempre va a ser así?

—Sí, hijo, ¡siempre va a ser así!

—¿Y la mamá de Martita sabe más que Martita?

—Sí, hijo. La mamá de Martita sabe más que Martita...

—Dime, papá, ¿quién inventó el teléfono?

El padre lo mira con suficiencia y le dice:

—El teléfono, hijo, lo inventó Alexander Graham Bell.

—¿Y por qué no lo inventó el padre de él que sabía más?

La tercera situación en la que nuestros hijos podrían rechazar lo que les ofrecemos o aconsejamos aun cuando sea realmente lo mejor para ellos, es la que se da con más frecuencia así como aquella a la que los padres llegamos con mayor facilidad si seguimos nuestra intuición. La idea es sencilla: si no hacen caso es porque no entienden. Es decir, ellos no saben lo que es mejor para ellos.

¿Es esto posible? ¿Es posible que alguien no sepa lo que es mejor para sí mismo? Absolutamente. Y no solo porque sean niños o jóvenes; a todos nos ha ocurrido que apostamos a una posibilidad y nos equivocamos.

¿Acaso no les ha ocurrido esperar algo con ansias e incluso trabajar en pos de ello, para luego decepcionarse al encontrar que no es lo que imaginaban o, peor aún, sorprendiéndose de que las consecuencias finales resulten tan negativas? Aunque nos duela, es así. También los adultos aprendemos a desconfiar de nuestras certezas y a cuidarnos de nuestros impulsos y caprichos.

Vamos de lo sencillo a lo complicado:

—¿Por qué los chicos quieren comer dulces todo el día?

Respuesta obvia:

—Porque son sabrosos.

—¿Y por qué, entonces, los adultos (o la mayoría de nosotros) no lo hacemos?

Respuesta también obvia:

—Pues porque sabemos que no sería saludable hacerlo.

Hemos aprendido que, a largo plazo, lo mejor para nosotros es no comer dulces en exceso, porque si lo hiciéramos, perderíamos otras cosas que nos importan más: la cantidad de años que viviremos, la posibilidad de estar ágiles y activos, el tener el cuerpo que deseamos estéticamente... y nuestra dentadura, claro.

Este pequeño desvío debería conducirnos a una conclusión:

Si los niños quieren comer dulces todo el día es porque no saben que eso no es bueno para ellos. Si lo comprendiesen, de verdad, en su cabecita y en su corazón, no habría necesidad de decirles que no; ellos solos se moderarían.

En otros casos, no es tan sencillo identificar este punto, pero la regla sigue siendo válida:

—¿Por qué los niños no quieren compartir sus juguetes?

—Porque les gustan, les divierten, los desean y disfrutan jugando con ellos.

—¿Y por qué entonces los adultos (o la mayoría de nosotros) sí compartimos nuestras cosas, aun aquellas que nos agradan y apasionan?

—Pues porque sospechamos (con razón) que, a fin de cuentas, es mejor para nosotros compartir lo que tenemos.

Aprendimos el placer de compartir, sabemos cómo eso nos enriquece, entendemos los beneficios de la reciprocidad y tememos (por qué no admitirlo) la peligrosa perspectiva de la soledad a la que nuestro espíritu acaparador podría llevarnos.

Una vez más, si nuestros hijos supieran de todos estos beneficios del compartir (y de los perjuicios de no hacerlo) no sería necesario obligarlos a hacerlo con ninguna estrategia, lo harían *motu proprio* y con alegría.

LA VERDADERA MOTIVACIÓN

Hemos dado, siguiendo estos ejemplos, con la que, a nuestro entender, es la clave de un modelo educativo mejor: conseguir que nuestros hijos hagan lo que les pedimos, no por acatamiento a nuestra autoridad, no coaccionados por los castigos que sufrirán en caso de no obedecer, ni por la tentación de los premios que recibirán si hacen lo correcto, sino porque comprendan que eso es, en efecto y a fin de cuentas, lo mejor para ellos.

Podríamos decir que este es el modelo de la motivación. Definiendo motivación desde un nuevo concepto:

> Motivar no consiste en conseguir que el otro *haga* lo que yo quiero que haga, sino en lograr que el otro *quiera hacer* lo que yo quiero que haga.

Por supuesto y como anticipamos en los dos puntos anteriores, una buena educación también debiera prepararlos para disentir de lo que nosotros pensamos que es lo mejor para ellos y, en esos casos, rebelarse y desobedecernos. Este permiso de rebeldía será eventualmente lo que los salvará de nosotros, si hiciera falta.

Supongamos, por un momento, que hemos conseguido la sabiduría necesaria para identificar cuál sería el mejor camino para nuestros hijos (al menos en alguna situación determinada). Nuestra tarea consistirá, a partir de allí, en señalarles este camino y en explicarles nuestras razones para elegirlo.

Si no nos explicamos, jamás podremos esperar que ellos acepten de buen grado nuestra guía. Tan solo estarán, en el mejor de los casos, siguiendo nuestras órdenes o haciéndonos el favor de seguirnos la corriente.

Hace algún tiempo, un paciente que tenía con frecuencia fuertes discusiones con una de sus hijas me comentó que, en uno de aquellos altercados, perdió un poco la compostura y, gritando, envió a la niña castigada a su cuarto. La niña caminó llorosa hasta su habitación y se quedó allí, moqueando. Mi paciente me contó que luego de caminar hasta la mitad del pasillo alejándose furioso del cuarto de su hija, lo sorprendió una duda. Volvió entonces sobre sus pasos, se detuvo en el umbral y le preguntó a la niña:

—Hija, ¿tú entiendes por qué te estoy castigando?

—Mmm... No —dijo ella.

Y mi paciente pensó para sí mismo: «Entonces esto no tiene sentido alguno». Entró en el cuarto, se sentó junto a la niña y le explicó el porqué de su fastidio y del castigo que le había impuesto. Para su asombro, cuando hubo terminado, sintió que el castigo ya no tenía objeto y le dijo a la niña:

—¿Comprendes?

—Sí —dijo la pequeña.

—Entonces puedes salir.

Según me comentó, este episodio había sido de gran importancia para él. La sensación de impotencia que a menudo le despertaba el trato con la niña se fue disolviendo a partir de allí y, en consecuencia, su frustración y el enojo que esta le generaba también mermaron. «Entendí de otra manera lo que era ser padre».

Por supuesto que nadie puede adivinar el futuro, y los padres no somos excepción (aunque algunos actúen como si lo fueran), de modo que la apreciación de lo que es mejor hacer es siempre más o menos especulativa. Aun así, la experiencia, el estudio y la reflexión pueden afinarnos el pronóstico de los resultados esperables frente a una determinada conducta. La mejor manera de motivar a los hijos será siempre haciéndoles saber con honestidad los frutos que tendrán si siguen determinado rumbo.

La frase fundamental del modelo educativo de la motivación es:

Si haces **A**, te sucederá **B**.

Es de notar la sutil pero enorme diferencia con la frase que habíamos señalado como estructurante del sistema de premios y castigos:

Si haces **A**, te haré **B**.

En el modelo motivacional, B es la consecuencia natural de haber hecho A.

No se trata de una consecuencia caprichosa impuesta por alguien que detenta algún poder, sino de lo que seguirá, por lógica, por el mero devenir de nuestra acción. Lo que hace que a una cosa le siga la otra no es la voluntad del padre o de la madre, sino, por decirlo de un modo algo exagerado, las leyes de causa y efecto de la vida.

No es: «Si no comes las verduras, no habrá postre» (caprichoso).

Es: «Si lo único que comes es postre, enfermarás» (causa y efecto).

Nadie quiere enfermarse, tampoco los niños; luego, si convencemos a nuestros hijos de que lo que les decimos es la verdad y de que «enfermarse» no es parte de un fantasma amenazante inventado por nosotros para intimidarlos, sino parte de una realidad indeseable, pero posible, quizás puedan comer verduras si no con alegría, al menos sin tanto pesar.

En algunas ocasiones y para algunos padres, encontrar la explicación y transmitirla puede no ser tan sencillo.

Le dije una tarde a una paciente que no podía seguir actuando de la manera en que lo hacía cuando su hijo se resistía a estudiar para su examen. Intenté explicarle varias veces, hasta que comprendió que no debía decirle a su hijo lo que acostumbraba a decir:

—Si no estudias para el examen, no verás la televisión.

Porque la asociación de televisión con examen es forzada y antinatural.

Me permití sugerirle una fórmula más sensata del estilo de:

—Hijo, si no estudias para el examen, suspenderás.

Supuse que había entendido mi punto de vista y que, en beneficio de su desafortunado crío, podría respetar la indicación.

Pero claro, no fue tan sencillo. Frente a la explicación de su madre, el avispado muchacho respondió:

—¿Y qué si suspendo?

—Si suspendes... —dijo la mamá— ¡¡¡no verás más televisión!!!

Llevó algunas sesiones extra ayudarla a encontrar una respuesta potable, congruente, honesta y no intimidatoria. Finalmente la encontró ella sola.

—Lo que pasará si suspendes es que tendrás que estudiar durante el verano.

Como es previsible, a la mayoría de las personas no les agradaría tener que estudiar en vacaciones, mientras todos los demás andan por allí divirtiéndose, pero es evidente que otras batallas se libraban en ese diálogo.

Después me contó su madre que el adolescente, con ese tonito desafiante que él sabía que a ella la irritaba, le dijo:

—¿Y qué si no estudio durante el verano?

—Pues entonces repetirás el curso —contestó la adoctrinada mamá.

—¿Y qué si repito el curso...? —insistió el bandido.

—¡¡¡Si repites el curso... te parto la crisma!!! —tuvo ganas de decir..., pero no lo dijo.

Para orgullo de su terapeuta y beneficio de la relación entre ambos, tragó saliva y dijo:

—Pues, si a ti no te importa... allá tú.

Mi paciente vivió el silencio de su hijo como una pequeña victoria y se animó a más:

—Es tu decisión, hijo..., pero si me permites, te daré mi opinión. Si repites el curso, perderás a tus compañeros, te retrasarás un año, te aburrirás de tener que estudiar los mismos temas otra vez..., la verdad es que no parece una buena opción.

La paciente del relato tuvo que dar algunas vueltas para llegar finalmente a una razón que se fundase de modo honesto en un beneficio para el propio muchacho. Fue necesario algo de paciencia y algo de voluntad, pero lo hizo.

Para cada situación puede haber distintos beneficios y será tarea de los padres ver cuál han de privilegiar en cada caso. Frente a la aseveración más general de «No quiero estudiar», también se podría responder: «Entonces no aprenderás cosas interesantes...» o «Entonces tus posibilidades de llevar una vida interesante, disminuirán...».

ALGUNOS RODEOS

Rara vez una sola intervención, una sola conversación, una sola indicación son suficientes para resolver un conflicto con los hijos, aunque en esporádicas oportunidades sucede. Ninguna confrontación con nuestros hijos se resuelve alzando un poco la voz para decir:

—... y no quiero oír una palabra más al respecto.

Aun cuando tengamos una convicción tal que nos permita saber con anticipación cuál será nuestra respuesta final, debemos tomarnos el tiempo de escuchar los nuevos o repetidos argumentos de nuestros hijos y exponer los nuestros las veces que sean necesarias.

Esta línea siempre da lugar a la contraargumentación y eso, que podría ser un problema, nos parece más bien un nuevo beneficio. En los hogares en los que se permite discutir un poco sobre los permisos y los límites, se aprende a debatir, a presentar las propias ideas y a defender la postura de cada uno, así como los deseos y las necesidades. Esto nos lleva, por supuesto, a que nosotros también tengamos que tener argumentos sólidos y herramientas para sostener lo que tratamos de inculcar. (¿Por qué quiero yo que mi hijo haga esto o aquello? ¿Cuál es el beneficio que creo que obtendrá?) Todos los padres nos hemos encontrado, alguna vez, frente a una situación en la que descubrimos que nunca antes nos habíamos detenido a pensar por qué decimos lo que les decimos, simplemente lo hacemos (repitiendo seguramente algún mandato ancestral o social).

Por ejemplo:

—Regresa a casa a las doce.

¿Por qué a las doce? ¿Por qué no a las dos de la madrugada?

¿Por qué no a las once?

¿Es realmente más peligroso regresar a las dos que a las doce?

¿Acaso los criminales están en su casa, esperando que la aguja marque las 00:01 para salir entonces a hacer sus fechorías? ¿Es que el gremio de los malos no se lo permite o así lo impone un secreto y honorable código de ladrones? ¿Son acaso los delincuentes como los gremlins, que se vuelven malvados cuando comen después de medianoche?

No parece haber argumentos demasiado convincentes para la elección de la hora y, en consecuencia, no debiera sorprendernos que a los jóvenes les cueste aceptar esta indicación.

Si alguien dijera: «Tienes que regresar a casa antes de que anochezca», sin duda sería tildado de anticuado, pero al menos tendría alguna lógica. Es la oscuridad lo que lo vuelve peligroso. Sería aún discutible, pero, cuando menos, sería un argumento atendible. El problema comienza, en realidad, cuando no hay argumentos razonables o lógicos para justificar una indicación.

No decimos que no haya que sostener una posición con firmeza, decimos que deberíamos dedicar el tiempo necesario tanto a comprender nosotros mismos los argumentos de nuestras restricciones como a explicárselos a nuestros hijos. Si nuestra indicación tiene un sentido en el que creemos, si se apoya en una razón, aunque esta sea discutible, los hijos nos escucharán con mayor apertura y se creará un espacio para el diálogo, sin peleas. Con un poco de suerte, desplazará hasta el olvido ese otro mecanismo que suele aparecer frente a estas situaciones y que está, en nuestra opinión, sobrevalorado: la Negociación.

El padre dice:

—Vuelve a las doce.

—Nooo, papá... —dice el hijo—, la fiesta termina a las cuatro.

Y como no hay argumento alguno para defender por qué el chico debe volver a las doce, se acaba, previo tironeo de ambos lados, por llegar a un acuerdo salomónico: el muchacho volverá a casa a las dos. Pacto que tiene el dudoso mérito de dejar disconformes a todos: ni el chico ha conseguido lo que quería (quedarse hasta el final de la fiesta), ni el padre tampoco (que vuelva temprano para no correr peligro al volver). No parece buena idea.

Si, en lugar de negociar, intentamos poner en la mesa razones coherentes y escuchar las de nuestros hijos, podremos tener una discusión (en el buen sentido de la palabra). Hasta es posible que sean ellos quienes nos convenzan de que proponen lo adecuado. Si lo que nos movía a sostener nuestra posición era un genuino interés por ellos y no un vano deseo de «ganar la discusión» o de hacer una muestra de poder, nos quedaremos igual de tranquilos y conformes con el acuerdo que alcancemos.

Se dice por allí y se sostiene a menudo que, una vez entablada una discusión con un hijo, es menester ganársela; «porque de lo contrario, perderemos autoridad como padres» y de allí en adelante, el chico o la chica harán lo que se les antoje.

Esta es una mentira absurda y tendenciosa.

La verdadera autoridad se gana con la confianza y el respeto mutuo, y no con un despliegue de fuerza, gritos y represalias. Si no escuchamos sinceramente los argumentos y las alternativas que nuestro hijo proponga, si todo se le rebate sin razón alguna, si nuestro argumento estrella es el de «soy tu padre» o «soy tu madre», el futuro de nuestra relación se oscurecerá día a día. Se despertará en nuestros hijos el fastidio y la sensación de que, no importa lo que hagan, el resultado será siempre el mismo. Esta es, a nuestro entender, una de las peores creencias que se pueden tener sobre el mundo: la certeza de que lo que uno hace no cuenta, la idea de que, al final, da lo mismo hacer que dejar de hacer...

Recuerdo que hace unos diez años, mientras estaba presentando uno de mis libros en Italia, asistí a un congreso sobre comunicación. Incidentalmente terminé participando de un taller que se llamaba «Venderle a papá». El conferenciante, desconocido para mí, era un joven de unos veinte años, hijo de un poderoso y multimillonario industrial romano. Durante treinta minutos fue contando el camino que, según él, lo llevó a ser quien era, un exitoso hombre de negocios. Su filosofía se enunciaba fácil: más importante aun que tener una buena idea es poder vendérsela a alguien. Sin esa capacidad, decía, tu destino estará ligado solamente al azar.

Y lo traigo a mi memoria porque todos sus ejemplos remitían a su relación con su padre que, desde que era pequeño, le había enseñado que no perdiera su tiempo en pedirle algo que no pudiera «venderle». Se me ocurría que uno de los beneficios secundarios que podría apor-

tar este modelo del que hablamos es ese entrenamiento que proponía el joven italiano: el de aprender a defender y luchar por una idea, por una necesidad o por un deseo. Un enfoque que puede reemplazar, frente a los padres, el reclamo, el ruego, el capricho o la insistencia por una buena presentación de lo que se quiere, que incluya los argumentos que desarmen cualquier objeción con estrategia, picardía, humor y astucia.

Estamos seguros de que la disposición de los padres hacia las demandas que los hijos formulen recibirá un trato totalmente distinto si, en lugar de percibir a los hijos como unos energúmenos que quieren lo que quieren de cualquier manera y a toda costa, los vieran como jóvenes razonables y dispuestos a pensar el mejor modo de llevar adelante lo que desean. Y por supuesto, otro tanto sentirán los hijos frente a padres capaces de argumentar sus deseos o su oposición.

LAS CONSECUENCIAS DE SUS ACTOS

¿No hay ocasiones en las que, sin importar cuán buenos sean nuestros argumentos e intenciones, y más allá de cuán razonable y adecuadamente se haya presentado nuestra posición, nuestros hijos se niegan a adoptar nuestro consejo?

Por supuesto que sí.

Sea porque los niños o adolescentes no consiguen ver que lo que sugerimos es lo mejor para ellos, sea porque (por su necesidad de diferenciarse) se han empeñado en llevarnos la contraria o porque seamos al fin nosotros quienes no logramos ver algo, habrá ocasiones en las que no conseguiremos persuadirlos.

¿Qué habremos de hacer en esos casos?

Si las explicaciones que les presentamos a nuestros hijos no consiguen venderles nuestra idea, deberemos asumir que nuestra experiencia no es suficiente y deberemos dejar que sea su propia experiencia la que actúe. Esto es: que aprendan de la prueba y el error. Lo cual implica dejarlos que prueben... ¡y dejarlos que se equivoquen! (no desearlo, pero sí permitirlo).

Cuando los argumentos no bastan, cuando la motivación no es suficiente, se llega a un punto en el cual se impone dejar que nuestros hijos hagan las cosas como les parece, aun cuando estemos convencidos de que se equivocarán y saldrán perjudicados o lastimados. Con algunas excepciones, debemos aprender a dejar que, de vez en cuando, sufran las consecuencias de sus actos para poder aprender de primera mano lo que la experiencia enseña.

¿Estamos diciendo que si nuestro hijo se balancea sobre la silla inclinándola hacia atrás sobre dos de sus patas, y le decimos «No lo hagas, puedes lastimarte» y se lo repetimos incontables veces, pero no hace caso... debemos dejarlo que lo haga hasta que, eventualmente, se caiga y se dé un buen golpe?

¿Estamos proponiendo que cuando nuestra pequeña no trata bien a sus amigas, no comparte sus juguetes, las mandonea o denigra, después de explicarle que las otras niñas no querrán estar con ella y que no tener amigas no es divertido..., si ella no nos escucha, no nos cree o no quiere abandonar su actitud, deberíamos dejarla que siga adelante hasta que comience a perder a alguna de sus amigas?

¿Estamos asegurando que si el quinceañero del que hablábamos no quiere estudiar para los exámenes de fin de curso..., si así lo decide, deberemos dejarlo que repita?

Sí, sí y sí.

Cuando mi hija tenía nueve años, su cuarto era un desastre, parecía como si un cartucho de dinamita hubiera estallado dentro. Una y otra vez mi esposa y yo le repetíamos a la niña que debía ordenar. En ocasiones ordenaba dos o tres prendas a regañadientes para luego cansarse y dejar todo a la mitad. Las más de las veces, sin embargo, hacía caso omiso. Luego de fastidiarse más o menos, mi esposa terminaba por ordenar el cuarto de la niña.

Un día nos dimos cuenta de la futilidad de todo aquello y de cómo estábamos generando que ese círculo pernicioso perdurase en el tiempo. Después de acordar entre nosotros la necesidad de sostener esta decisión a rajatabla, nos acercamos a la niña y le dijimos:

—Hija, tu cuarto es tuyo, de modo que, de ahora en adelante, no volveremos a pedirte que lo ordenes.

—¿No? —dijo ella algo sorprendida.

—No —dijimos—. Pero tampoco te lo ordenaremos nosotros. ¿De acuerdo?

—Está bien —dijo ella y se marchó a su cuarto muy conforme.

Los días pasaban y la montaña de ropa crecía en el cuarto de la pequeña. Yo hacía el doble esfuerzo de pasar por su cuarto y no mirar hacia dentro, además de contener a su madre que noche a noche dudaba de nuestra decisión y me proponía interrumpir el experimento.

Un día, casi un mes después, nuestra hija fue hasta donde estaba su madre y le dijo:

—Mamá, quiero ponerme la camiseta blanca con corazones.

—Claro, hija, hazlo —dijo la madre haciendo como que no veía el problema.

—Es que..., no sé dónde está...

—Ah, lo siento, hija, yo tampoco sé dónde está. ¿Qué crees, dónde podrá estar?

—En... la pila de ropa, supongo.

—Y sí..., me imagino que sí. Búscala, hijita —le dijo la mamá.

Mi hija se fue a su cuarto e intentó mover un poco el caos, como deseando que el buen Dios la ayudara, pero la camiseta blanca no apareció.

Luego, se acercó a la madre, con la cabeza gacha y le dijo casi moqueando:

—¿Me ayudarías a ordenar la ropa, mamá?

Y allí fueron las dos a ordenar el cuarto juntas.

Seguramente debe haber sido tentador para la madre, en el punto en el que la niña se «quiebra» y pide ayuda para ordenar su cuarto, decirle: «Ah, no, querida, ahora lo ordenas tú», pero la mamá no cayó en la trampa de la venganza y el resultado fue notable. La niña había comprendido las consecuencias perjudiciales que tiene no ordenar su cuarto. No había necesidad de ponerse crueles: los padres estaban educando, no buscando hacer catarsis por el fastidio que la niña les había hecho pasar con tantos días de acumulación de desorden.

Es necesario comprender el sentido de las acciones de los padres.

Si el hijo o la hija ya han aprendido, si ya han reconocido que se han equivocado, ¿para qué serviría negarles la ayuda? Por el contrario, cuando los hijos regresan de su error con humildad, como en el ejemplo, lo más importante es ahora ayudarlos, acompañarlos y darles el reconocimiento que refuerce su aprendizaje.

La sabiduría que señala esta actitud de los padres como la más indicada, no es el aporte de una nueva conducta descubierta en la última nota de *International Psychology*. Esta conducta paterna ya estaba retratada desde hace más de mil años en la Biblia. Exactamente en «La parábola del hijo pródigo».

¿Te acuerdas? Todo comienza cuando el menor de dos hermanos le dice a su padre que quiere recibir su parte de la herencia para disponer de ella a voluntad.

El padre se sorprende e intenta disuadirlo, pero, finalmente, ante la insistencia del muchacho, accede a darle los bienes de su heredad y lo deja marcharse.

El hijo deja la casa de los padres y malgasta su herencia viviendo como un libertino, perdiendo en su desborde adolescente todo su dinero, gastado en prostitutas, juego y vino. Viviendo de esta manera, el muchacho cae rápidamente en la miseria. Allí se da cuenta de que la única posibilidad de salvar su vida es regresar donde su padre. Así que prepara una carta de disculpa para el padre en la que le pide que lo acepte como trabajador.

El joven parte de regreso a casa de su padre y encuentra en este el perdón inmediato e incondicional. Efectivamente, al ver que su hijo regresa, el padre sale a buscarlo corriendo..., y antes de que el muchacho siquiera recite una disculpa, sin un reproche ni una reprimenda, lo abraza, lo besa, pide que le den ropa limpia, sandalias y el mejor de los cuartos, mientras ordena una fiesta para festejar su regreso...

Es muy interesante aclarar que, según dicen los teólogos, cuando el protagonista escribe la carta, esa disculpa es absolutamente interesada, en todo caso se arrepiente por conveniencia y no por convicción ni con sentimiento. Busca un provecho personal y no la vuelta al rebaño.

En el final de la historia, el hijo pródigo ha vuelto a la casa y ha aprendido una lección, pero además su alma se ha purificado. ¿Cuándo?

No en el momento en el que fracasa su plan, ni cuando se termina su dinero.

Él despierta a la vida correcta cuando ve en la actitud del padre, su humildad y su capacidad de amar, cuando en lugar de criticarlo por sus imprudencias o su capricho, le habla de su alegría por el regreso.

Atención, el hecho de establecer que hay situaciones en las que deberíamos permitirles aprender de la prueba y el error, y sostener además que debemos (ellos y nosotros) sufrir las consecuencias de sus decisiones; no implica, en modo alguno, «abandonarlos a su suerte». Mucho menos antes de confirmar que nuestras explicaciones, consejos y señalamientos no han servido para ayudarlos a elegir el camino que creemos mejor.

Tampoco nuestra tarea termina una vez que nuestro hijo ha seguido su parecer y se ha equivocado. Cuando eso suceda, tendremos (porque no conseguiremos siempre ser el padre bíblico del hijo pródigo) la irresistible y lógica intención de acercarnos y decirle, cuando esté en condiciones de escuchar:

—Te lo dije.

Y quizás no esté tan mal que lo digamos, siempre y cuando nuestra intención no sea la de avergonzarlo, ni la de probar que teníamos razón, sino exclusivamente la de fortalecer el vínculo de causalidad que hay entre la mala decisión y la previsible consecuencia desagradable. Para que no quede duda de que no es una burla ni un reclamo retroactivo, habremos de prestar suma atención en decirlo con mucha amorosidad y cuidado, haciendo hincapié en lo que se dijo y no en el hecho (finalmente menor) de quién lo dijo.

LAS DIFICULTADES DE PERMITIR EL ERROR

Para ningún padre es sencillo aceptar que es mejor permitir que un hijo se equivoque antes que forzarlo a hacer lo que supuestamente sería mejor hacer. Sin embargo, aun superada esa instancia, restan todavía dos dificultades en las cuales pensar antes de sumergirse en la decisión de avalar que caiga en un error «teóricamente» evitable.

La primera es la que plantean aquellas situaciones en las que las consecuencias indeseables de una decisión se presentarán demasiado diferidas en el tiempo (lo que las hace tanto difíciles de prever como difíciles de vincular luego con la mala decisión que las originó).

La segunda dificultad es más terrorífica: ¿qué pasa si nos damos cuenta de que las consecuencias podrían ser demasiado dañinas, irreversibles o inaceptables para nosotros?

Armar estrategias

Comencemos por la primera dificultad. En estos casos, la intención de garantizar un aprendizaje positivo impone elaborar alguna estrategia. Es decir, producir o empujar una situación en determinada dirección como para que se genere en nuestros hijos la controlada incomodidad que dispare el aprendizaje pretendido.

Un ejemplo de este tipo de estrategias es aquel episodio que ya hemos comentado en el que después de permitir que mi hijo hiciese o no los deberes según su antojo, fui a ver a la maestra de su clase para no correr el riesgo de que, por un azar, la irresponsabilidad del muchacho pasara desapercibida por la escuela. Hoy podría decir que pedirle a la docente que exigiera la entrega de los deberes era mi manera de asegurarme de que el aprendizaje no terminara siendo «puedes no hacer las cosas y nada sucederá».

Hay, claro, situaciones más complejas que requieren, como es lógico, la creación de estrategias más elaboradas.

Un buen día, literalmente de la noche a la mañana, mi hijo mayor, que tenía por entonces cinco años, anunció que no quería lavarse más los dientes.

Todas las noches mi esposa lo enviaba a lavarse y él se negaba:

—No quiero —decía entre llantos—. ¡No me gusta!

—Ve a lavarte los dientes —repetía mi esposa.

—¡No! —repetía el pequeño con una obstinación que no dejaba de tener algo de admirable.

Así seguía la discusión, que se extendía durante algo así como media hora, hasta que, finalmente, nuestro hijo se daba por vencido e iba al baño, con el ceño y la boca fruncidos, y se lavaba a regañadientes (nunca mejor dicho). Día tras día se sucedía la misma escena, día tras día el chico terminaba fastidiado y mi esposa agotada. Me parecía que aquello no podía continuar así, que tenía que haber otra manera, pero no la hallaba. Por supuesto, ya le habíamos dicho al niño que si no se lavaba los dientes, se le caerían, pero, como ya he dicho, mi hijo no es ningún tonto y ya había ocurrido que algún día no se había lavado los dientes y no se le habían caído, de modo que sabía que eso de «si no te lavas los dientes, se te caerán» era una mentira descarada (la verdad sería: si no te lavas los dientes durante muchos, muchos días y si además no vas al dentista jamás, entonces se te caerán... aseveración que, por supuesto, ya no suena tan convincente, ¿verdad?). Para peor, el niño aún tenía dientes de leche, así que, de todos modos, aun cuando se los lavara todos los días religiosamente, ¡igual iban a caérsele! Tampoco parecía una buena idea dejarlo que no se los lavara, puesto que, creía yo, si no se hacía el hábito, más adelante, cuando tuviera los dientes definidos no se los cuidaría y, en ese momento, sí, perderlos ya no tendría retorno y sería muy malo para él.

Después de pensarlo un poco, diseñé una especie de intervención «didáctica» con la que, creo, acerté (lo cual en mi historial de padre, como ya han visto, no siempre sucede).

El primer paso es común a todos estos casos que hemos venido exponiendo: renunciando al uso de la fuerza y a toda coerción, le dije a mi hijo que, a partir de esa noche, no le insistiríamos más en que se lavara los dientes. Si quería lavárselos, lo haría y si no, pues no. Pero, agregué, como a mí y a su madre no nos parecía que daba lo mismo hacerlo que no hacerlo, llevaríamos un registro del lavado de dientes familiar.

Entonces dibujé en una pizarra plástica que tenemos en nuestra cocina una especie de cuadro con los días de la semana, de lunes a domingo, con dos casilleros: mediodía y noche... y con los integrantes de la familia (el niño, mi esposa y yo).

Tomé entonces un par de marcadores y le pregunté a mi esposa:

—Amor, ¿te lavaste los dientes hoy por la mañana?

—Sí —dijo ella.

—Muy bien —dije y dibujé una cruz azul en el casillero que correspondía a ese mediodía.

—¿Y por la noche?

—También —dijo y dibujé otra cruz azul junto a la anterior.

—Yo me los lavé por la mañana —dije mientras ponía una cruz azul en la columna con mi nombre—, y también por la noche —agregando otra cruz azul.

—Y tú, hijo, ¿te lavaste los dientes por la mañana?

—No —dijo él.

—Muy bien —dije intentando sostener el tono más neutro posible—. Entonces pondremos una crucecita roja allí.

No bien terminé de dibujar la cruz roja, mi hijo preguntó:

—¿Por qué roja?

—Bueno —respondí—, para diferenciarlas: Azul es «se lavó», Roja, «no se lavó».

—¿Y qué pasa con las cruces rojas, papá? —preguntó mi hijo sospechando algo más.

—No pasa nada —respondí—. Ahora, ¿te lavaste los dientes por la noche?

—Mmm... No —dijo nuestro hijo una vez más.

—De acuerdo —dije y coloqué una última cruz, roja—. Es todo por hoy.

Luego, vimos una película los tres juntos o algo por el estilo y nos fuimos a dormir. Así continuó la cosa durante un par de días. El niño no se lavaba sus dientes y nosotros sí, yo colocaba cruces azules para nosotros y rojas para él.

Una noche, mi hijo se acercó:

—Papá...

—Dime, hijo.

—No me gustan las cruces rojas.

—Ahhh... —dije yo con mi mejor tono de bobo—. Te entiendo, pero no puedo ayudarte. Azul es «se lavó», «no se lavó» es roja

—sentencié como si aquello fuera una ley de la física universal o como si estuviera escrito en los ajados libros de la sabiduría ancestral.

El pequeño permaneció un momento pensando, luego dijo:

—¿Y si me lavo ponemos una cruz azul?

—¡Por supuesto!

Mi hijo salió hacia el baño y volvió al rato mostrándome ostensiblemente los dientes.

—Ya está —me dijo.

Como es obvio, dejé de inmediato lo que estaba haciendo y fui con él hasta el cuadro para anotar su primera cruz azul.

Mi hijo siempre me ha sorprendido.

Unos minutos después, sin que nada más hubiera pasado, regresó a preguntarme:

—Dime, papá... ¿Y si me lavo los dientes mañana también... y pasado mañana... podemos borrar las cruces rojas de los días anteriores?

—Sí, hijo... —le dije movido por la ternura y con un poco de remordimiento, confieso, resultado de pensar que el chico había estado padeciendo en silencio durante uno o dos días...

Como es obvio, también en este caso hubiera sido cruel y en contra del objetivo decir algo así como:

—¡No! Las cruces rojas quedarán allí para siempre como una marca indeleble que muestre que has faltado a tus deberes y que ya serás hasta el fin de los tiempos diferente de nosotros.

En esta misma dirección, era muy importante evitar tonos despectivos o de censura frente a la respuesta del niño cuando admitía que no se había lavado los dientes, así como no caer en la tentación de decir:

—Si sumas cinco cruces seguidas, te llevaré al dentista.

No solo porque se señala al dentista como algo que hay que temer, sino también porque transforma la estrategia en una intervención de castigo y amenaza, que se supone que es justamente lo que queremos evitar.

Hay un par de cuestiones más que creo que valdría la pena remarcar de este episodio. En primer lugar, que no se trata de poner buenas y malas notas..., ni de premiar el cambio con una recompensa. En segundo, que los colores de las cruces sirven para marcar una diferencia, no para establecer un juicio de valor. Por ello creo que la intervención habría sido más lograda si las cruces hubieran sido marrones y verdes (o violetas y amarillas) en lugar de azules y rojas: el rojo tiene cierta connotación de error, de aplazo. Seguramente fue mi propio juicio moral lo que se me escapó allí; aunque, por fortuna, mi hijo era suficientemente pequeño como para no tener aún este prejuicio sobre el color rojo y este desatino pasó desapercibido.

Recordemos que lo que estamos tratando de transmitir es que lo que nuestros hijos decidan hacer lleva en sí mismo su recompensa o su castigo.

La pantomima del cuadro no tenía otra intención que lograr que el niño percibiera claramente una diferencia (entre lavarse los dientes y no hacerlo), que sin las cruces de colores podía pasar desapercibida demasiado tiempo. De paso, fue bueno que visualizara el efecto acumulativo de esa conducta y que advirtiese que, en esa diferencia, sus padres estaban en la vereda de enfrente.

Algo sobre los límites

Se habla mucho en los círculos académicos (tanto como en la manicura y en el bar) de límites (poner límites, tener límites, aceptar los límites). Sin ánimo de ser controvertidos, pero entendiendo que quizás acabemos por serlo, diremos que, desde el rol de padres, la conducta más sana no pasa tanto por ser capaces de poner límites, como por tener claridad en reconocer y señalar los límites que el mundo que nos rodea impone por sí mismo.

«Poner límites» es muy adecuado cuando responde a la asertiva necesidad de no dejarse avasallar, pero respecto de los hijos, la noción de ponerles límites supone la desmedida expectativa de que el mundo podría ajustarse a sus deseos. Suele escucharse así: «Hay que poner límites, porque no es bueno que *tengan todo*». Lo que pasamos por alto en esa frase es que nunca podrán tenerlo todo; por la sencilla razón de que nadie puede, de que eso es imposible.

En nuestra búsqueda infatigable de la felicidad, nos encontramos día a día y situación tras situación con que, para ir hacia donde queremos, tenemos costos que afrontar y con que «todo no se puede».

Dos hechos impuestos por la realidad establecen límites que no dependen de nosotros. El primero: que convivimos con, y queremos cosas de, otras personas que van por el mundo con sus propios deseos y ambiciones. El segundo: que queremos muchas cosas, algunas incompatibles entre ellas (el límite a nuestra glotonería es el deseo de estar en forma, el límite a la vagancia es el deseo de conseguir cosas que requieren trabajo, el límite a la mezquindad hacia los demás es el deseo de que esos mismos otros nos aprecien...).

La tarea que, como guías, debemos enfrentar es la de señalar esos costos y límites que nos imponen la vida y las propias desmedidas pretensiones.

Los hijos «malcriados» o «maleducados», como suele llamárselos, actúan como lo hacen porque están convencidos de que pueden pasar por la vida sin pagar costo alguno, ni tener que responder jamás por sus acciones y desbordes. En contra de la opinión popularmente aceptada, en el origen de este desvío no encontramos padres que no han impuesto restricciones, sino padres que activa y voluntariamente se han ocupado (con la excusa de evitarles todo dolor) de ahorrarles a sus hijos el peso de las consecuencias de sus conductas o decisiones.

Nuestra función, en este sentido, es enseñarles a nuestros hijos a relacionarse sanamente con los límites (propios de la vida), comprendiendo que el hecho de que «todo no se puede» abre siempre la perspectiva de que «se puede algo».

POTENCIAR LOS BENEFICIOS

Ayudar a que los hijos sean capaces de tomar las mejores decisiones no siempre se trata de resaltarles las consecuencias negativas de lo que desaconsejamos; muchas veces tenemos a nuestro alcance la posibilidad de actuar desde el lugar contrario (y que quizás sea aún mejor): el de destacar y potenciar las consecuencias benéficas de aquellos caminos que queremos alentar.

Del mismo modo que en los casos anteriores debemos cuidar que los beneficios sean intrínsecos a la acción y no enlazados caprichosamente por nosotros (no se trata de: «Cuando te licencies, te compraré un coche»).

Si me preguntaran, por ejemplo, cuál fue el factor que más influyó en que mi hijo menor dejara de usar pañales, no tendría duda alguna en señalar una magistral intervención de mi esposa. Cuando ella se dio cuenta de que ese momento podía estar acercándose, le compró al niño, haciendo gala de una intuición o astucia asombrosa, una gran cantidad de calzoncillos con motivos relacionados a los intereses del pequeñín: un pack de seis calzoncillos de los Power Rangers, un pack de Spiderman, otro de los Vengadores y uno más con siete calzoncillos, de diferentes colores, cada uno con un animal distinto dibujado en el trasero...

Demostrando mi profunda ignorancia al respecto, dije:

—¿No te parece que has exagerado?

—No —dijo ella.

Tenía toda la razón. El entusiasmo que el niño tenía por dejar los pañales y comenzar a usar sus calzoncillos de héroes y animalitos era increíble. Durante un buen tiempo, cada vez que yo llegaba de trabajar, el pequeño me recibía diciendo:

—Mira, papá, mira el calzoncillo que tengo hoy. Es el de Iron Man..., ¡es chulísimo!

En una revista de esas que acompañan los periódicos dominicales de Argentina, apareció una semana un reportaje a uno de los magnates más grandes del país.

En la nota, entre detalles y frivolidades, la periodista hizo una pregunta:

—¿Y qué les regala a sus nietos para sus cumpleaños?

El magnate respondió:

—Hace muchos años que me di cuenta de lo difícil que era regalarle algo a niños que tienen casi de todo. Decidí, entonces, dejar con mi regalo un mensaje. Cada cumpleaños, yo les pregunto cuánto ahorraron durante ese año; y les duplico esa cantidad. Me pareció que era una buena manera de transmitirles el valor del ahorro.

El regalo elegido es muy interesante, porque, por un lado, está en proporción directa al «trabajo» que sus nietos se tomaban, y por otro, porque dado que la consecuencia de ahorrar es, en efecto, que tienes dinero disponible, el regalo solo estaba amplificando el resultado natural de esa conducta (del mismo modo que, en el relato anterior, comprar calzoncillos de los Power Rangers es amplificar uno de los beneficios de no usar pañales que es que puedes elegir qué te pondrás...).

Si fuéramos capaces de convertir siempre lo que preferiríamos para nuestros hijos en algo deseable para ellos, nuestra tarea estaría encaminada hacia el mejor rumbo posible.

Este es, creemos, el camino que, como padres, deberíamos profundizar.

Cosas de todos los días

Santiago sale los sábados por la noche y regresa tardísimo, ya de madrugada. Eso no sería problema para sus padres, que también han sido jóvenes (y, por suerte para Santiago, lo recuerdan, como diría Saint-Exupéry); el problema comienza cuando el joven no llega a tiempo para el almuerzo familiar de los domingos, que es un rito importante en esa familia. Los padres han intentado varias cosas sin resultados. Ya se han dado cuenta de que no ganarán mucho insistiendo en frases como: «Esto no es un hotel» y similares. Sacarlo de la cama el domingo a las doce y forzarlo a participar solo ha logrado algunas veces que el muchacho haga acto de presencia, y se siente a la mesa refunfuñando y con mala cara... Hoy han comprendido que esa no es la solución, y que tampoco lo sería simplemente renunciar a su presencia en la reunión familiar. En lugar de ello, están intentando que esos almuerzos sean algo que él no quiera perderse: alguna vez trayendo a un invitado interesante (como su tío del campo al que el muchacho adora), alguna vez planteando que se jugará en familia a un divertido juego, alguna vez dejando que la abuela cocine ese plato preferido del nieto que nadie hace como ella...).

Olivia quiere pasar todo el día frente a la consola de juegos. Sus padres han decidido restringirle la cantidad de tiempo que puede usarla a «solo una hora por día». Y aunque tienen elasticidad, la discusión por el tema no se agota. Una vez más, la solución sería que los padres pudieran ofrecerle otras cosas deseables que le resultaran atractivas... Es cierto que no es fácil competir contra la consola de juegos, y eso es lógico, porque los juegos que se fabrican son muy buenos (de hecho, están diseñados para atraparte). Sin embargo, creemos que si nos ponemos creativos, generosos y entusiasmados con esas otras actividades que le propondremos («¡Yo voy a pintar —podría decir por ejemplo su padre—, me encanta!»), de vez en cuando (quizás cada vez con mayor frecuencia), consigamos que voluntariamente abandone la pantalla y nos siga por otros rumbos. Y ese mero logro ocasional puede ser muy importante para su futuro.

Nos parece un ejercicio importantísimo y fructífero el de pensar siempre en cómo hacer más deseables, satisfactorias y atractivas las opciones que nos parecen las más convenientes para nuestros hijos. Para esto, lo decimos una vez más, debemos desprendernos de nuestra propia idea de que «hacer lo que es bueno» o «correcto» NUNCA puede ser divertido.

Algunos podrían argumentar que esta clase de estrategias tienen un olorcillo a manipulación y lo comprendemos pero... (siempre hay peros) como dice el psicoanalista argentino Hugo Dvoskin, de quien seguimos aprendiendo, una de las maneras de ser un buen padre es volverse un «generoso manipulador». Manipulador porque intenta dirigir las acciones de los hijos (y aún más: sus deseos) en cierta dirección. Generoso porque lo hace en función de lo que supone que será lo mejor para ese otro y no para sí...

Y por otra parte, ¿cuál es el método educativo que no huele, aunque sea un poco, a manipulación?

ASUNTO DE RIESGOS

No creo que sea una casualidad que hayamos dejado este tema para el final: es, seguramente, de los más difíciles. Un asunto que se nos presenta como padres y que seguramente no tiene una salida única, siempre la misma, pero que indudablemente nos evocará cada vez la imagen de la espada y la pared, cuando no la de tener que saltar de la sartén al fuego.

Lo habíamos dejado pendiente antes. ¿Qué hacer si prevemos que las consecuencias a las que nuestros hijos se enfrentarían, si los dejásemos seguir adelante, nos parecen catastróficas? ¿Qué si son daños profundos o irreversibles? ¿Qué si, por ejemplo, pudiesen llegar a implicar su muerte?

Seguro que en estos casos, si después de ahondar en nuestras razones y argumentos, nuestros hijos insisten en continuar por un camino en potencia trágico, recurriremos a alguno de los otros métodos que hemos discutido previamente y descartado o menospreciado como norma. ¿A cuál de ellos? Dependiendo de la gravedad, diríamos que al que sea necesario. Es hasta posible que, como ya hemos comentado, incluso nos veamos forzados a recurrir al uso de la mera autoridad.

La integridad de la vida de los hijos es, en general, el límite de nuestra razonabilidad. Pero habremos de tener bien claro esto: cuando decidamos ir por este camino, el de forzarlos más allá de su voluntad, los estaremos cuidando, sí, pero estaremos renunciando, al hacerlo, a educarlos. Lo haremos por nosotros y no por ellos: «Soy yo quien no puede soportar la idea de que te pase algo».

Por todo esto, esta línea de pensamiento y de acción está reservada para pocas, poquísimas, situaciones, aquellas que ponen literalmente en riesgo la vida de nuestros hijos o casi. Deberían presentarse estas cuatro condiciones:

1. Que nuestro hijo no comprenda o menosprecie nuestras explicaciones.
2. Que los otros métodos hayan sido probados y hayan fracasado también.
3. Que las consecuencias sea previsibles, gravísimas e irreversibles.
4. Que hayamos comprobado con alguien a quien respetemos que se cumplen las condiciones 1, 2 y 3.

No es suficiente para intentar imponer algo por la fuerza el hecho de que a mí no me guste lo que hará mi hijo o el que yo crea que sufrirá. Como ya dijimos, debemos entrenarnos tanto en poder soportar que nuestros hijos padezcan un poco por los avatares de la vida, como en que se enojen con nosotros por ello.

Pero, atención: disentimos abiertamente de esa postura que circula por allí y que parece proponer que los hijos «deben» estar enojados con sus padres porque ese es el signo de que estos últimos han hecho un buen trabajo. La idea se desprende de la concepción de que educar consiste en doblegar al otro, lo que, por supuesto, sí conduce al rencor. Pero como ya hemos dicho, la verdadera educación dista de ello. Es como si se dijese:

—Mis hijos me odian enormemente: ¡qué buen padre debo de ser!

Esto es ridículo. Que debamos dejar de lado, para cumplir adecuadamente nuestra función, la pretensión de que nos amen es una cosa y creer que debemos perseguir el objetivo de que nos aborrezcan, es otra muy distinta. Es más, estamos convencidos de que si hemos hecho un buen trabajo como padres y educadores, finalmente nuestros hijos nos amarán. Seguro que en el camino se enojarán en distintos momentos y por distintas razones, pero si hemos tenido siempre en nuestro horizonte lo mejor para ellos, seguro que acabarán por reconocerlo. El rencor sostenido de nuestros hijos hacia nosotros, lejos de ser un motivo de orgullo, debiera ser un indicador que nos mueva a preguntarnos: ¿qué estoy haciendo mal?

DISCÍPULOS DE LO BUENO

Estamos convencidos de que la verdadera y valiosa educación no proviene de la imposición ni del engaño, sino de que cada uno elija libremente lo que considera mejor para sí mismo y de que vaya volviéndose cada vez más competente en identificarlo y más valiente para seguirlo.

Nuestros abuelos solían enseñar, porque así lo habían aprendido, que ser capaces de tolerar lo intolerable, privilegiar el cumplimiento de los deberes y las obligaciones, y desarrollar un inconmovible culto al sacrificio, terminaría ayudándonos a sortear cualquier obstáculo que encontráramos en el camino. «Se les olvidó decirnos», como dice la canción, que eso no nos haría más felices ni realizados, que nada de esto garantizaría que el camino fuera el correcto y que había que adaptarse para alcanzar la meta programada.

Hoy sabemos que bien podríamos relegar aquellas herramientas dejando en su lugar la lealtad a nuestros principios, la capacidad de mantener un rumbo y la decisión de aceptar como conveniente cierta cuota de disciplina.

Pero, cuidado: hablamos de la verdadera Disciplina. La raíz de la palabra nos vincula con la palabra «discípulo»; quiere decir, seguidor, alumno, aprendiz. Disciplinado no es el que obedece sometido al poder de otros, sino el que desea aprender, y desde su elección se pone al servicio de la verdad, de lo virtuoso, de lo bueno.

Nuestra tarea educativa, como padres, no es otra cosa que contribuir a que nuestros hijos conquisten las ventajas de esa disciplina, que elijan libremente volverse discípulos de lo bueno y que nos permitan ayudarlos para que no pierdan el rumbo a la hora de elegir qué es lo mejor.

9

DESEOS Y EXPECTATIVAS

LO QUE UNOS Y OTROS QUIEREN

Hemos dicho ya que lo que los padres quieren fundamentalmente de sus hijos es que sean felices. Por nuestra parte, hemos comprobado de forma concreta, una y otra vez, esta aseveración. A cada lugar que hemos ido a hablar sobre este tema, más allá del país en el que nos encontremos y del público al que nos dirijamos, cuando les preguntamos a los padres y madres qué quieren de sus hijos, la respuesta surge con rapidez, facilidad y sorprendente homogeneidad:

—Que sean felices.

Y esto es verdad aunque, desafortunadamente, los niños no tengan la misma impresión. En una de estas conferencias impartida en México le dirigimos al público esta misma pregunta y, entre la multitud de respuestas de los mayores que hacían referencia a la felicidad, se escuchó la voz de un niño que dijo:

—Los padres quiere que tengamos buenas calificaciones...

¡Qué valentía la del niño de decirlo allí frente a todos! ¡Y qué lección más grande para todos nosotros, padres y madres, que estábamos allí! Pues si es indudable que lo que más ansiamos es su felicidad, también es indudable que nos equivocamos en el camino y que terminamos por transmitirles que lo que queremos son cosas menores..., como buenas calificaciones. Si las queremos, como ya hemos dicho, es al menos en parte porque creemos que llevarán eventualmente a su felicidad..., pero es evidente que hacemos un mal trabajo en transmitir eso.

Si la pregunta por el deseo de los padres es relativamente sencilla, su equivalente del lado de los hijos dista de serlo. Cuando, frente a los mismos auditorios, preguntamos qué quieren *los hijos de los padres*, las respuestas se multiplican y diversifican:

—Que les dejen hacer su vida...
—Que los respeten...
—Que confíen en ellos...
—Que los mantengan...
—Que les presten el coche...
—Que les dejen salir todas las noches...
—Que les den dinero...
—Que les regalen una tablet...
—Que les compren un juguete...

Después de escuchar este amplio abanico de respuestas, hemos intentado resumirlas y agruparlas bajo una sencilla fórmula:

Los hijos quieren de los padres... ¡TODO!

Y lo que es más: lo quieren todo el tiempo o, al menos, cuando ellos así lo decidan. Como padres, no debiéramos horrorizarnos ante esta revelación, tomándola por alguna especie de apetito desbocado fruto de una crianza indulgente. Más bien es la natural inclinación de todo ser suficientemente ingenuo.

¿Por qué no habrían de querer todo? Por lo menos todo lo que consideran bueno para ellos.

Lejos de ser algo aborrecible, nos parece un signo de sanidad.

Cuando un niño entra en una de esas enormes jugueterías, llenas de maravillas de colores, sonidos y movimiento, nos quedamos muy tranquilos si vemos que no puede contener su emoción mientras sus ojos se posan en uno y otro juguete, diciendo:

—¡Guau, mira este! ¡Mira este otro! Y aquel de allí... ¡Es genial!

Estamos seguros de que todos preferiríamos ese rapto de interés inagotable, que reconocemos como normal y apropiado, a la actitud contraria, la de un pequeño sobrio y sereno que muy razonable y correcto, levantara la mano, señalara hacia un rincón con gesto adusto y se dirigiera a nosotros preguntando sin demasiada excitación:

—¿Estará bien si llevo aquel pequeño muñeco de allá?

Una actitud como esta, en un niño de corta edad, no hablaría tanto de humildad y moderación como de un debilitamiento de su deseo (o mejor dicho, de su derecho de desear), generado casi siempre por una anticipación de la penalidad que se prevé por atreverse a querer un poco más. Y nuestra preocupación por el pequeño no debería terminar allí, porque si se afianza y se refuerza, terminará generando un adulto de aquellos que, de cara a las grandes cosas, se dan por vencidos antes de comenzar y piensan: «¿Para qué intentarlo? Eso no es para mí... Mejor aspirar a menos».

No es el futuro ni la posición frente a la vida que quisiéramos para nuestros hijos, aunque tengamos que pagar, para evitarlo, el precio de decir que no de vez en cuando a algunos de sus reclamos insaciables.

Y sin embargo, naturalmente, sin tener que entrenarlos para ello, su avidez tiene un límite.

Hay algo que un hijo *no quiere* de sus padres, ni siquiera si ellos se lo ofrecen.

Los hijos NO quieren que sus padres se arruinen la vida en pos de la suya.

De modo opuesto a lo que se suele pensar, los hijos no quieren que sus padres se sacrifiquen por ellos.

Ningún hijo y ninguna hija, podemos asegurarlo, están deseosos de cargar con el peso de aquello a lo que los padres «han tenido que renunciar» para tenerlos, para criarlos, para educarlos.

Nadie quiere convertirse en lo único valioso en la vida de sus padres, ni llegar a ser su único motivo de felicidad o infelicidad.

Efectivamente, en la consulta profesional vemos una y otra vez cómo los hijos se sienten agradecidos y aliviados cuando los padres tienen, además de su paternidad o su maternidad, otras cosas que claramente los motivan e interesan, otros deseos que perseguir y otros ámbitos a los que prestar atención.

La película *Bajo la misma estrella*, basada en la novela del escritor norteamericano John Green, nos propone una maravillosa escena donde se pone en evidencia lo que venimos hablando. La novela, que viene de tener un enorme éxito entre los jóvenes de todo el mundo, narra una típica historia de amor adolescente, salvo por un detalle: Hazel, la joven protagonista, y Gus, su novio, han sido diagnosticados, ambos, con la misma gravísima enfermedad. Gus está recuperado de un cáncer de hueso por el que le han amputado una pierna; Hazel sufre de un agresivo tumor de pulmón que, según todo parece indicar, tarde o temprano, acabará con su vida.

Lo que a Hazel le agobia (quizás más que la idea de su propia muerte) es sentir que, en sus propias palabras, ella es «una bomba de tiempo». Saber que cuando llegue el momento de su muerte no podrá evitar causarle un gran dolor a todos los que están cerca, en especial a sus padres. Hazel lo dice así: «Hay solo una cosa peor que tener cáncer y es tener un hijo con cáncer».

Es evidente que Hazel no quiere vincularse demasiado, no quiere dejarse amar, incluso por Gus, porque eso significa para ella sumar más «víctimas» a las que ya resultarán heridas el día de su «estallido»...

En la escena a la que me refiero, Hazel se dispone a salir de su casa para ir a ver a Gus. Su madre la ve inquieta y le dice:

—No te vayas así, come algo antes.

—No tengo hambre —dice Hazel.

—Vamos, Hazel —insiste la madre maternalmente—, tienes que mantenerte saludable.

No es feliz la frase, y el resultado es conmocionante.

—¡¿Mantenerme saludable?! —repite Hazel con ironía—. No estoy saludable, mamá. Voy a morirme, ¿lo sabías? Voy a morirme... Y tú y papá ya no tendréis de quién cuidar...

—Hija... —dice la madre acercándose con ternura—. Siempre seré tu madre. Es lo más importante que jamás seré.

—*Eso*, mamá, es lo que más miedo me da.

—¿Qué quieres decir? —pregunta la madre algo confusa.

—Cuando muera, tú y papá ya no tendréis una vida. Os quedaréis mirando las paredes o querréis suicidaros...

—Hazel, amor, no vamos a hacer eso —dice la madre comprendiendo al fin—. Perderte será tremendamente doloroso..., pero tú mejor que nadie sabes que es posible convivir con el dolor...

Hazel permanece en silencio, no termina de creerla.

—¿Sabes, hija? —continúa la madre—. He vuelto a estudiar... Estoy yendo a la universidad desde hace meses. Quiero ser trabajadora social.

—Espera, ¡¿cómo?! —exclama Hazel sorprendida por la noticia.

—Pensé que podía ayudar a otros con lo que habíamos pasado... No quería decírtelo, porque no quería que te sintieras abandonada.

—¿Abandonada? —dice Hazel con una gran sonrisa—. ¡Mamá! ¡Esta es la mejor noticia de los últimos años!

Ambas se miran a los ojos y se juntan en un abrazo conmovedor, lleno de lágrimas, de emoción y de alegría.

En el intento de «no abandonarla», la madre de Hazel le había ocultado lo mejor de ella. Aquello que su hija más necesitaba. Saber que su ausencia no le privaría de sentido a la vida de sus padres.

Quizás el caso de la protagonista es extremo, pero creemos que hay aquí un aprendizaje importante para todos los padres. No podemos permitir (y mucho menos promover) que nuestros hijos carguen con nuestras renuncias; y eso solo se consigue si quitamos de nuestra cabeza el mandato de ser padres y madres sacrificados, si abandonamos para siempre la idea de convertir a nuestros hijos en la única razón de nuestra vida...

EL SÍNDROME DE LA DOBLE FRUSTRACIÓN

Volvamos a lo que los hijos sí quieren de los padres para remarcar un punto crucial: que ellos quieran todo no significa que nosotros, como padres, debamos satisfacer esa demanda. Implica, sí, que no deberíamos enojarnos con nuestros hijos, pequeños o adolescentes, por ello.

—Mamá..., ¿me das una chocolatina?

—Sí, hijo querido, aquí tienes.

Al rato:

—Mamá..., ¿me das otra chocolatina?

—Mmm... Sí, toma, hijo, aquí tienes.

Al rato:

—Mamá..., ¿me das otra chocolatina más?

—¡¡No!! ¡¿Cómo se te ocurre?! ¿Pero es que acaso no tienes límite?

No estamos diciendo que haya que darle chocolatinas infinitamente. Quizás haya que decirle que no, pero no habría por qué enojarse. Que nuestros hijos quieran *más* de aquello que les resulta placentero o satisfactorio es lógico y sano. No podemos enojarnos con ellos porque no tengan el límite incorporado, pues eso no es «natural», no viene «de fábrica». De hecho, parte de nuestro trabajo como padres es ayudarlos a reconocer e incorporar ese límite.

Decir que queremos que sean felices es muy distinto de sostener que nuestra tarea es la de hacerlos felices. No debemos confundir que ese sea nuestro deseo con que sea nuestra función. No lo es; como dijimos, nuestra función es la de darles herramientas para que *ellos* logren su felicidad. No solo no es nuestra función «hacerlos felices», sino que nunca podría serlo. Y ello por la buena razón de que nadie puede hacer feliz a otro.

Ese es un punto que he sostenido desde que comencé a escribir y compartir lo que pensaba y que, además, se ha ido afianzando con los años.

Nadie puede hacerte feliz.

Puede que yo sea feliz estando contigo, pero no es tu responsabilidad, es la mía. Cada quien no puede más que tomar las riendas de lo que ocurre en su propia vida e intentar cedérselas a otro sería un grave error.

Por eso, suelo decir, mucho cuidado cuando alguien viene a decirnos eso que tanto nos gusta escuchar de:

—¡Me haces tan feliz!

—No, no, no... —aconsejo contestar velozmente—. Si tú eres feliz conmigo, me alegro muchísimo. Pero no es mérito mío.

Si no dejamos esto en claro y aceptamos el halago y con él la responsabilidad sobre la felicidad del otro, deberemos también aceptar el fardo cuando se nos diga:

—¡Me haces tan desgraciado!

Y en ese momento, todos querremos objetar, y con razón.

A la confusión entre tarea y deseo suele agregarse otra, que complica aún más las cosas. Es la de creer que ser feliz equivale a tenerlo todo. Dijimos que los hijos quieren todo (todo lo que les hace bien) y es cierto, pero se equivocan al pensar que eso los hará felices. Ellos y nosotros nos engañamos cuando creemos que seremos felices cuando tengamos todo lo que anhelamos...

Cuando estas dos ideas erróneas se combinan, se genera un pernicioso circuito en el que los padres acabamos por pensar que tenemos que darles todo a nuestros hijos para cumplir con nuestra malentendida «obligación» de hacerlos felices. Cuando comprobamos que, hagamos lo que hagamos, nuestros hijos sufren o no son completamente felices, nos enfadamos con ellos porque han frustrado nuestra intención («¡cómo es posible que no te alcance todo lo que te doy!»). Me enojo contigo porque me haces sentir un mal padre o una mala madre. Es bastante injusto, pero funciona de esta manera.

Del otro lado, los hijos suscriben la misma idea y, cuando comprueban que sus padres no les dan todo lo que ellos anhelan, concluyen que no los quieren tanto como dicen y se deslizan hacia el rencor.

Esta situación es suficientemente frecuente y estereotipada como para merecer una denominación propia. Hemos dado en llamarla: el Síndrome de la Doble Frustración. Ilustrado en un esquema sería así:

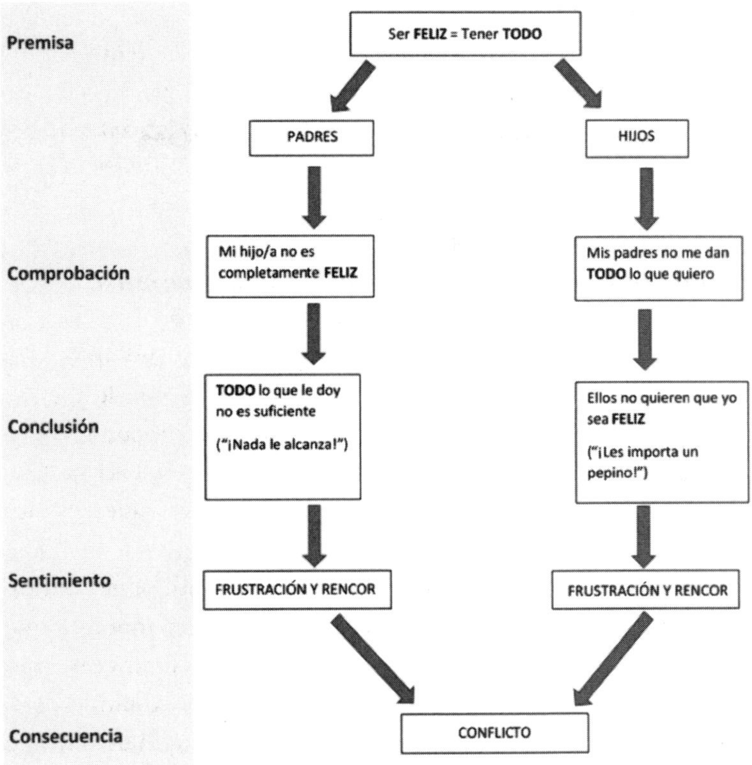

Las comprobaciones de este esquema son innegables, las conclusiones se siguen de forma lógica, los sentimientos que estas despiertan son comprensibles y la consecuencia final (el conflicto), inevitable. Está claro, entonces, que de este atolladero se sale únicamente descartando la premisa original. Esto es: sostener la convicción de que ser feliz no es lo mismo que tenerlo todo.

Vale la pena aclarar que cuando hablamos aquí de tener, no nos referimos tan solo a las cosas materiales, aquellas que efectivamente podemos poseer (una casa, un coche, el último modelo de pantalón vaquero, el ordenador portátil más rápido)... Que en eso no consiste la felicidad se cae de maduro. Lo que sostenemos aquí va un poco más lejos y es que la felicidad tampoco depende de aquello que quisiéramos que esté en nuestra vida: tal chica o chico, cierto trabajo, un título, una cuota de éxito o admiración...

Cuando lo pensamos así, vemos con claridad por qué los padres no podemos darles TODO a nuestros hijos: aunque quisiéramos hacerlo, la empresa es demasiado vasta.

Atención: no dudamos de la importancia de estas «cosas», de las intangibles ni de las mundanas tampoco, pero sostenemos que la presencia de ninguna de ellas por sí sola es condición necesaria para sentirse contento con la propia vida. En todo caso lo que al respecto de alguna de esas cosas puede ser imprescindible es encaminarse hacia ellas. Y como es evidente que encaminarse, que «ir hacia», es algo que nadie puede hacer por uno, queda establecido que la responsabilidad sobre la propia felicidad no puede ser delegada (¡ni siquiera a los padres!).

Los hijos deben dejar atrás la equivalencia entre felicidad y satisfacción plena, y tratar de hacer lo mejor posible con lo que los padres sí han podido darles y lo que ellos elaboren a partir de ello. Los padres, por su parte, deberán aceptar que no podrán darles a sus hijos lo que estos necesitan para ser felices y que todo lo más que pueden hacer es ayudarlos a que se dirijan hacia su particular horizonte lo mejor que puedan.

Ofrecer consuelo

Cuando, como padres, comprendemos que en la vida de nuestros hijos hay sufrimientos necesarios, inevitables y hasta sanos, dolores que nada tienen que ver con nosotros y que no podemos ahorrarles ni solucionarles..., entonces, se abre la puerta para la que consideramos una de las funciones más importantes de los padres y de las que menos se habla: el consuelo.

El consuelo goza de muy mala prensa tanto en el día a día como en los círculos académicos. Y sin embargo, creemos que, de todo lo que podemos esperar y obtener de aquellos que nos rodean, el consuelo está entre lo más fundamental. Cuando hay situaciones que ya no tienen «arreglo», cuando hay pérdidas que no pueden más que doler, cuando las cosas no resultan como esperábamos, lo que podemos ofrecer a otro es nuestra presencia. Estar allí, para que esa persona sepa que nos duele su dolor, que (por más que no podamos ofrecerle una solución) compartimos su pena.

En una película maravillosa que se llama *Lars y una chica de verdad* hay una escena en la que el protagonista, Lars, un hombre que tiene severas dificultades para ponerse en contacto con sus emociones, sufre una pérdida que, aunque para todos los demás pueda ser absurda, para él es muy profunda (Lars sostiene que una muñeca inflable ha muerto). Las mujeres del pequeño poblado nórdico en el que vive Lars, dotadas de una ancestral sabiduría, concurren a su casa armadas con su arsenal de bufandas a medio terminar y agujas de tejer. Se sientan junto a Lars y se ponen a tejer en silencio.

—¿Qué hacéis? —pregunta Lars.

—Nos sentamos —responde una de las mujeres con dulzura—. Es lo que se hace en estos casos. Vas donde el otro está y te sientas con él.

Y otra agrega:

—¿No te sientes mejor ya?

Lars, aun en su dolor, sonríe, dando a entender que sí, que, en efecto, la presencia de alguien allí hace que uno se sienta mejor.

En nuestro afán de proveer soluciones, herramientas o consejos, los padres solemos olvidar que, en muchos casos, lo único que nuestros hijos necesitan es que estemos allí, sentados a su lado, compartiendo su dolor, en silencio o diciendo:

—Lo siento, hijo. Es natural que estés triste. Lo que te ocurrió es feo. Ya pasará...

Hace no demasiado tiempo, un joven paciente expresó de forma absolutamente explícita esta necesidad. Estaba atravesando un mal momento y el terapeuta le sugirió, tal vez con no muy buen tino, que compartiera con sus padres lo que le estaba ocurriendo. A la sesión siguiente, el paciente comentó:

—Fue un error decírselo. Se asustaron y comenzaron a proponerme un montón de soluciones que no venían al caso... Yo no necesitaba eso. Yo solo quería que me entendieran y me consolaran...

Estar presentes. Escuchar. Entender. Consolar.

No menospreciemos el inmenso valor de esta otra función, que, quizás por simplicidad, queda opacada frente a las más absorbentes del proveer y del educar.

EXPECTATIVAS E IDEALES

Hemos venido diciendo que los padres queremos que nuestros hijos sean felices. Ese es, seguramente, nuestro mejor deseo y es compartido por todos los que vivimos día tras día la experiencia de la paternidad y la maternidad. Sin embargo, como ya adelantamos en los capítulos anteriores, ese no es nuestro único deseo respecto de ellos. Hay muchas otras cosas que los padres queremos de y para nuestros hijos...

Si nos dispusiéramos a hacer la lista, quizás acabaría por resultar avasalladora... Imaginemos: los padres queremos que los hijos...

... sean felices,

... sean exitosos,

... se porten bien,

... hagan caso,

... sean sanos (léase: normales),

... nos quieran (nos admiren, a decir verdad, y a veces que me quieran más a mí que a su madre),

... sean capaces de vincularse socialmente, que no sean tímidos, que tengan amigos,

... se sepan valiosos,

... sean creativos,

... no sufran jamás (como si eso fuera posible),

... completen lo inconcluso de nuestra vida (que hagan lo que yo nunca pude hacer),

... destaquen (que sean Maradona, Callas o Einstein),

... tengan suerte,

... sean personas responsables y comprometidas,

... acepten sus errores,

... sean perseverantes, que luchen por lo que quieren,

... venzan sus miedos,

... sepan defenderse,

... sean: bien machito, si es varón y una señorita, si es mujer,

... sean capaces de recibir el amor que les damos,

... nos superen,

... sean honestos,

... no nos abandonen,

... disfruten, rían y lo pasen bien,

... y, seguramente, muchas cosas más.

De algunas de estas expectativas ya hemos hablado o lo haremos más adelante. A lo que queremos prestar atención aquí es al origen de estos deseos, a lo que nos empuja a esperar tal o cual cosa de nuestros hijos. Precisar eso será útil para decidir qué lugar darle a determinada expectativa en el vínculo con nuestros hijos. Podríamos agruparlas en tres categorías:

La primera y más noble comprende aquellos deseos que son un medio para el fin último de la felicidad de nuestros hijos (quiero que tengan suerte porque comprendo que no todo depende de mi voluntad ni de la suya y, en consecuencia, algo de suerte les ayudará en su camino; quiero que venzan sus miedos, porque así tendrán un mundo más amplio, quiero que sean exitosos, porque equiparo éxito y felicidad...). La salud de los hijos, esa gran inquietud parental, entra, claramente, dentro de esta categoría.

Escribo esto y me acuerdo del sarcástico humor de mi abuelo, que contaba sus chistes judíos poniendo invariablemente como protagonista a alguien que él había conocido personalmente.

Según contaba, esto le había sucedido a un muchacho de su pueblo que un día fue a pedirle a su padre su bendición para poder casarse.

—¿Y con quién te vas a casar? —preguntó el viejo.

—Con Sara, la hija del sastre —dijo el muchacho.

—¿Con Sarita? ¿Cómo se te ocurre? Su padre es más pobre que una rata. Lo único que conseguirás como dote es que te regale un juego de botones. Sería mucho mejor que te cases con Judith, la hija del joyero, ¡ese hombre duerme en cojines de oro!... Y ella te mira con ojos de deseo cada vez que la cruzas.

—Yo sé ambas cosas, padre. Pero eso no importa nada —explicó el muchacho—. Yo amo a Sara ¡¡¡y solamente a su lado podría ser feliz!!!

—¿Feliz? ¡¡¡Feliz!!! ¿Para qué te serviría ser feliz si no tienes dinero?

A primera vista podría parecer que la postura de ese padre contradice todo lo que hemos expuesto o por lo menos no avala la generalización que venimos defendiendo... Sin embargo, si lo pensamos un poco, es muy probable que en el sistema de creencias del padre, no podría existir una buena vida sin tener dinero, y aunque el viejo no lo identificara con la palabra felicidad, con sus limitaciones, seguía pensando en el bienestar de su hijo. En ese sentido, lo único que quería para el joven era lo que PARA ÉL (proyectado en su hijo) traería el mejor de los futuros.

Con este tipo de expectativas, lo único que debemos hacer es someterlas a un cuidadoso y periódico análisis para comprobar que esto que creemos (que si sucede «X» serán más felices) siga siendo cierto tanto para nosotros como para ellos.

La segunda categoría, más ruin, son aquellas cosas que queremos de nuestros hijos, pero que, pese a lo que digamos, son para nosotros, no para ellos (quiero que se porten bien, porque quiero ver mi película en paz; quiero que no me abandonen, porque los extrañaré; quiero que completen lo que yo no concluí, porque así me sentiré satisfecho). Estas expectativas no deben ser rechazadas (repetimos: NO deben ser rechazadas); no por egoístas son malas y no se trata, por ende, de expulsarlas de nuestra alma. De lo que se trata es de no disfrazarlas de altruismo; no estamos dando, estamos pidiendo y, por ello, debemos comprender que el otro no tiene obligación de satisfacer esa demanda (aun cuando sean nuestros hijos a quienes va dirigido). De lo contrario, no sería una demanda, sino una exigencia. Cuando nos encontremos en estos casos, asegurémonos de pedir (y, si es posible, de pedirlo por favor).

Por último, la tercera categoría es la más engañosa, porque no queda claro (para nadie) si lo que nos mueve es nuestro propio interés o el de ellos. Las expectativas que quedan en esta categoría son las que responden a nuestros propios ideales: por un lado, no soportaríamos tener un hijo así y, por otro, no podemos concebir que alguien pueda ser feliz de ese modo (quiero que sea bien machito porque no soporto pensarme como padre de un hijo maricón y, al mismo tiempo, creo que ser macho da muy buen resultado en la vida; quiero que mi hija sea una señorita, porque no soporto pensarme como madre de una hija «fácil» y porque, a la vez, creo que si es muy promiscua no la tomarán en serio; quiero que sepan defenderse porque rechazo a los cobardes, me parecen despreciables y también porque creo que es necesario saber hacer frente a la gente). Un buen «tip» para reconocer cuándo estamos poniendo en juego nuestros propios ideales es que somos especialmente vehementes con ellos. No solo aconsejamos a nuestros hijos en una dirección, nos enojamos sobremanera cuando ellos no la siguen... En esos casos, tendremos que ser muy precisos para separar la pauta educativa de nuestro prejuicio interno. Una de las principales fuentes de conflictos entre padres e hijos radica en que estos últimos no son como los padres los habían imaginado. Nunca un hijo será, por más bueno que sea y orgulloso que estén sus padres de él, exactamente como los padres lo esperaban. Padres y madres tendrán que ir más allá de ello y reemplazar la satisfacción de que los hijos cumplan las expectativas que para ellos habían tejido con el gozo de descubrir lo que de original y único hay en ellos.

10

EL FINAL DEL TRABAJO

> El tiempo pasa,
> nos vamos poniendo viejos,
> el amor no lo reflejo,
> como ayer.
> En cada conversación,
> cada beso, cada abrazo,
> se impone siempre un pedazo
> de temor.
>
> PABLO MILANÉS

EL TRABAJO DE PADRES SE TERMINA

Ya desde el título de este último capítulo, nos parece escucharos preguntando:

—¿Cómo que final?

—Eh, que se es padre toda la vida.

—¿No habéis dicho vosotros mismos que la principal característica de los padres es amar sin condiciones y para siempre?

Calma; repasemos.

Dijimos al comienzo de este libro y sostenemos aún aquí, cerca del final, que ser padres implica tres aspectos distintos: la decisión de ser padres, el amor de padres y la función de padres. Cada una de estas instancias se ejerce, a su vez, de un modo distinto.

La decisión de ser padre implica la presencia, la asunción de un rol y el sentido de pertenencia. Se funda en aquella determinación que hemos definido como «adoptar» a nuestros hijos y es irrevocable. Nunca dejamos de ser padres en este sentido, por más que nuestros hijos no nos necesiten ya. De la misma manera en que cuando un discípulo supera a su mentor no deja por ello de llamarlo maestro; la historia compartida y la estructura del vínculo hacen que uno siga siendo siempre el maestro y el otro el discípulo, más allá de que el primero ya no tenga nada que enseñarle al segundo. Con padres e hijos sucede casi lo mismo, por más que el modo de relación entre nosotros cambie, nuestros padres serán siempre identificados como padres, y nuestros hijos, como hijos.

El amor de padres es ese amor incondicional, sin reciprocidad ni motivos, que ya hemos discutido y que, como tal, durará también toda la vida de los padres.

El último aspecto, el de la función o el trabajo de los padres que implica el cuidar, el proveer y el educar tiene sí (a diferencia de la decisión y del amor) un punto final; un momento en el que (afortunadamente para todos los involucrados) se termina. Este último capítulo habla exactamente de eso: de la necesidad, la ventaja y la aceptación de la jubilación de los padres del trabajo de serlo.

Unos diez o quince años antes de que mi abuela paterna muriese, una hermana de ella les reveló, a mi padre y a mi tío, que mi abuela había comentado casi en secreto que estaban pasando algún apuro económico. Esto sorprendió a mi padre, pues él no tenía esa impresión, pero decidió hablar con mi tío y los dos hijos fueron juntos a hablar con mi abuelo, Elías.

—Oye, papá —le dijo mi padre abiertamente—. Sé que mamá dijo que los está faltando un poco de dinero...

—¡Tu madre exagera! —dijo mi abuelo como era esperable por su carácter. Siempre había sido un hombre que ni era afecto a la queja, ni necesitaba demasiado para ser feliz.

—Claro, papá, lo entiendo —dijo mi padre, conciliador—. Pero quizás hay algunas cosas que mamá quiere..., ¿Quieres que te demos algo de dinero cada mes?

Mi abuelo se lo pensó un momento y, contra todo pronóstico, respondió:

—De acuerdo.

De modo que acordaron, entre los tres, una mensualidad que mi padre y mi tío asignarían a mis abuelos. De hecho, recuerdo cruzarme con mi abuelo en el consultorio de mi padre (por aquella época yo trabajaba allí como asistente) cuando, cada mes, pasaba a buscar el dinero.

Pasaron algunos meses, no sé cuántos, hasta que un día mi abuela le comentó a mi padre, a raíz de alguna conversación sin demasiada importancia:

—Es que en estas últimas semanas estamos un poco cortos de dinero...

Más sorprendido aún que la primera vez, mi padre volvió a donde mi abuelo:

—¡Papá!... Mamá me ha dicho una vez más que el dinero no os llega.

—¡Pero, por favor! —dijo mi abuelo risueño—. Ya os dije que vuestra madre es una exagerada...

—Pero, papá... ¡No entiendo lo que pasa! ¿Será que el dinero que te damos no es suficiente? ¿Quieres que lo aumentemos un poco?

—Claro que no —dijo mi abuelo—. Si ni siquiera lo estoy usando.

—¿Cómo que no lo estás usando? —preguntó mi padre.

—Lo estoy guardando —dijo mi abuelo con firmeza.

—¡Era para que lo gastases, papá! ¿Para qué lo estás guardando? —dijo mi padre incrédulo.

Y mi abuelo respondió, como si fuese lo más obvio del mundo:

—¡Por si vosotros alguna vez necesitáis algo!

Mi abuelo era así; dueño de una generosidad y una sencillez como no he vuelto a ver. De todos modos y más allá de sus características personales, creo que podemos adivinar en esta anécdota algo de cómo vivía su paternidad. Él no podía pensarse, respecto de sus hijos, de otro modo que como padre; aun cuando ellos lo necesitaran a él mucho menos que él a ellos. Mantuvo su *rol* de padre toda su vida. Lo mismo sucedió con su *amor incondicional*. (¿O acaso no se oye a las claras, en este episodio, que a este pequeño gran hombre lo desbordaba el amor? Si no se transmite eso, es que lo he contado mal...) Es verdad que se podría señalar aquí cierta dificultad en abandonar su *tarea* de padre..., pero, si fue así, lo guardaba para sí mismo. Juntaba ese dinero en silencio, amorosamente, haciendo para sus hijos las veces de plan de ahorro, sin por ello arrojarse autoridad alguna sobre ellos ni esbozar la menor crítica...

Mis saludos, mis respetos y mi admiración para mi abuelo, don Elías. Mi amor y mi agradecimiento por esta lección y este legado.

EL NUEVO ESCENARIO

Muchas cosas han pasado en nuestra vida y en las de todos en los últimos treinta años. La sociedad que habitábamos ya no es la misma y nosotros (incluyendo a nuestros hijos) tampoco lo somos.

Estos cambios afectaron y afectarán a los vínculos de todo tipo y obligarán a cierto replanteamiento en todas las áreas de la vida. La relación entre padres e hijos no es una excepción y se ha vuelto, como consecuencia de estos cambios, especialmente complicada, tanto por motivos inherentes a los mismos protagonistas, como por cambios estructurales en la familia y en el entorno que los rodea:

1. En el último siglo, la actitud de los jóvenes se ha tornado más rebelde y más desafiante. Su docilidad de otrora (o la poca que les quedaba) se ha disipado, posiblemente para siempre. Cabe destacar que, en este cambio, los padres que hoy tenemos más de cuarenta años somos absolutamente responsables, ya que fuimos nosotros los que les enseñamos y avalamos en su momento su derecho a decir NO (y qué bien que lo hicimos ya que esto podrá salvarlos de muchas cosas, inclusive de nosotros).
2. Hemos asistido, con conciencia o sin ella, a profundos cambios en los principios éticos de nuestra sociedad. No hablamos de una pérdida de valores, sino de un cuestionamiento a los ideales que guiaban a las generaciones previas. Como resultado, muchas veces se considera hoy natural algo que era extraño y cuestionable hace cincuenta años.

Muchos padres se horrorizan hoy ante la posibilidad de que una joven decida mantener relaciones sexuales en su primera salida con el muchacho a quien acaba de conocer en la disco.

—En nuestra época eso no sucedía —dicen.

Es cierto, eso no sucedía, aunque sucedían otras cosas que, para aquel momento, tal vez fueran igual de revolucionarias y que ya no lo parecen (por ejemplo, los padres de hace unos pocos años no podían aceptar ni comprender que una pareja decidiera convivir antes de casarse).

Sería bueno darse cuenta de que los padres de aquellos jóvenes que éramos se escandalizaban frente a esas prácticas que hoy nos parecen tan naturales, del mismo modo que nosotros hoy lo hacemos frente a las conductas de los más jóvenes.

El hecho de que ciertas actitudes, ideas o creencias nos resulten extrañas, no debería ser razón para tildarlas, de por sí, de perjudiciales, dañinas o inmorales.

3. Si algo caracteriza a nuestra época es la facilidad con la que podemos acceder al conocimiento y a la comunicación. Hasta no hace mucho, el acceso a todo tipo de información era trabajoso y la comunicación con personas distantes, complicada cuando no imposible. Hoy disponemos de medios que nos dejan, en todo caso, frente al problema opuesto: el de la necesidad de discriminar lo importante de lo inútil y lo nutritivo de lo tóxico, en la vastedad de todo aquello que se nos ofrece.

   Para los padres, esto conlleva el que sus hijos estén más permeables e influidos por una multiplicidad de discursos de los más diversos orígenes. Ello abre, para los padres, dos desafíos distintos, pero igualmente complejos: el de ayudar a los hijos a evaluar qué harán con cada uno de esos contenidos con los que se encontrarán y el de mantener su posición frente a hijos informados, conscientes de la existencia de otras opiniones y dispuestos por ello a cuestionar su autoridad. Trabajos arduos ambos, pero indispensables en esta era de la información y la tecnología.

4. La prolongación de la vida conlleva el hecho novedoso de tener que encontrar el lugar de padres de hijos adultos. Hijos que ya tienen hijos a su vez, y hasta nietos. (¿Ser padre de un abuelo? ¡No estaba previsto!)

   Apenas ayer, a principios del siglo XX, uno de cada cuatro niños llegaba a su cumpleaños número quince huérfano de padre y madre.

   Cinco décadas después, terminada la Segunda Guerra Mundial, solamente uno de cada veinte jovencitos llegaba a su mayoría de edad sin poder compartir ese hecho con sus padres.

   El año 2000 trajo consigo la noticia de que la mayoría de nosotros (testigos vivos del siglo XXI) cumpliremos los cincuenta años conservando la posibilidad de festejar el «medio siglo de vida» brindando con, por lo menos, uno de nuestros progenitores.

El cambio de paradigma que significa, para padres e hijos, el aumento de la expectativa de vida, no es ajeno al establecimiento de nuevas reglas en el vínculo entre ellos. Este hecho es corresponsable, por ejemplo, de la prolongación de la etapa adolescente de nuestros hijos que, para muchos autores, se acerca hoy en día a los veintiocho-treinta años (por lo menos en las familias urbanas occidentales de clase media).

5. Por último, el cambio de juego que ha resultado del progresivo debilitamiento de las instituciones relacionadas directamente con la educación y la formación, como la escuela, la familia, la pareja o la Iglesia, sumado a la consecuente desaparición de la tradicional veneración de la palabra de los mayores (sean maestros, padres u hombres de fe).

HIJOS ADULTOS

Y entonces surge la pregunta:

¿Cuándo se termina el trabajo de padres?

La primera respuesta no puede ser más intuitiva, ni más automática: sencillamente, cuando los hijos se convierten en adultos.

Pero ¿cuándo sucede eso? La respuesta puede no ser tan simple.

Entre las culturas prehispánicas, los diez años se señalaba como el momento del viaje iniciático que convertiría a un niño en un guerrero. En las culturas semíticas, los trece años era la edad del comienzo de la vida adulta (Bar Mitzvá o circuncisión). En la fe cristiana tradicional, la confirmación significa para muchos la primera decisión de un joven en pleno uso de su facultad de elegir su futuro. Para las leyes de Occidente, la mayoría de edad, con responsabilidades y derechos (incluido el voto), se conquista al cumplir diecisiete o dieciocho años.

Repreguntemos entonces: en este nuevo contexto...

¿Cuándo son adultos los hijos? No se puede precisar en tiempo, pero podemos esbozar algunas pistas:

Cuando ya no dependen de sus padres en sentido alguno.

No dependen de ellos, obviamente, en el aspecto económico.

No dependen para tomar sus decisiones.

No necesitan contar con su aprobación antes de cada acción.

No les son imprescindibles los cuidados ni la protección de sus padres, porque han aprendido a cuidar de sí mismos y de aquellos de su entorno afectivo.

Atención: no depender no significa prescindir de ellos necesariamente. Es decir, un hijo puede recibir una ayuda económica de sus padres sin que eso lo convierta en menos adulto, siempre y cuando ese hijo *pueda vivir* sin esa ayuda (sea porque puede proveerse él mismo ese dinero, sea porque puede adaptarse a vivir con menos). Y siempre y cuando el hijo y el padre sepan que esa ayuda es respuesta a una decisión de ambos y nunca una respuesta a alguna obligación determinada por el vínculo.

Lo mismo vale para los otros aspectos: nada hay de perjudicial en que un hijo ya adulto acepte consejo, reconocimiento o cuidados de sus padres, siempre y cuando no dependa de ello. Es decir: siempre y cuando no le sean necesarios porque podría también conseguir lo que requiere de otras personas (o de sí mismo).

Y la responsabilidad adulta de los hijos no termina aquí, ya que, como se hace evidente a poco de llegar a esta etapa, los hijos adultos se transforman en el nexo, único y necesario, que conecta la cultura de los padres mayores con la generación nueva de los más pequeños que les siguen.

Son, los recién llegados a la adultez, los que deben asumir el control y la responsabilidad de los hechos que hasta ahora eran área de decisión de sus padres (y no solo en el ámbito familiar, ya que la sociedad se lo exigirá de la misma manera).

Vale la pena señalar que, en la transición de jóvenes a adultos, los hijos necesitarán para el último tramo de un buen caudal de ayuda de sus padres, básicamente en la forma de:

Apoyo
Diálogo
Consejo
Confianza
Respeto a sus decisiones

Y la tolerancia para comprender su irremediable distanciamiento sin asustarse.

Difícil situación para los padres, como veremos, pero también difícil para los hijos, ¿Cómo declararse adulto frente a los propios padres?, ¿cómo hacer para que ese paso no sea un puñal en el corazón de nadie?

Sin querer ponerme como ejemplo, me parece importante contar cómo sucedió ese proceso en mi familia.

Mucho más tarde en edad de lo que me hubiera gustado, pero mucho más consciente de la importancia de lo que hacía, escribí a mis padres, un día, una carta. Según recuerdo decía más o menos así:

Queridos ambos, Raquel y Elías:

Les escribo esta carta hoy que cumplo treinta años, para hacerles saber que les agradezco infinitamente todas las cosas maravillosas que me han dado en estos años compartidos, comenzando por agradecerles mi vida misma. Sé que lo han hecho de corazón, pero me consta que siempre se han excedido en el amor y en la generosidad. Sería imposible pagarles o devolverles todo lo que han hecho por mí, y por eso, porque la deuda es impagable, la declaro de aquí en adelante cancelada.

También tengo saldada la cuenta de todo aquello que no pudieron o no supieron manejar adecuadamente, y aunque no olvido las cosas que me lastimaron o dolieron, sé que ambos hicieron lo mejor que pudieron y por lo tanto también de esas cosas declaro que no queda nada que reclamar.

Quedan desde hoy liberados de hacer cosas por mí, de ocuparse de mis problemas y de velar por mi salud. No están ya obligados a ayudarme si me meto en líos, ni solucionar las cosas con las que yo no pueda. Tampoco yo seguiré pensando en compensar lo que me dieron, ni en la necesidad que antaño sentía de justificarme con ustedes o de pedirles permiso para correr los riesgos que yo decida correr. Nuestro compromiso mutuo queda pues limitado al amor y no a nuestro lugar accidental de padres e hijo.

Gracias por todo. Los amo con todo mi corazón.

Su exhijo, Jorge

Mi madre, que recibió el sobre, lo abrió (misteriosamente sin esperar a mi padre), y leyó mi carta.

Después de unos minutos, me miró y dijo, muy a su estilo:

—¿Quién se muere? —utilizando ese tono irónico que le salía cuando algo no era tan serio como para tomárselo en serio, ni tan vano como para reírse de ello.

—Nadie, mamá —le expliqué—. Es una necesidad mía de hacerles saber que no tienen que cargar con el trabajo de ser padres para siempre y que no quiero llevar el peso de ser hijo de ustedes por el resto de nuestra vida.

Mi mamá movió la cabeza de un lado para otro, y se fue a la cocina pensando (con toda razón) que su hijo, o exhijo, como fuera, estaba un poco loco.

Años después supe que mi madre guardó esa carta con todo su amor y que alardeaba de ella, mostrándosela, una y otra vez, a sus amigas más íntimas. Ojalá supiera qué fue de ese pedacito de papel..., en qué cajón secreto la habrá guardado. Sé que lo retuvo, porque alguna vez, mucho después del episodio, mi madre me lo confesó, admitiendo que le había llevado tiempo comprender.

El camino del héroe

Nuestras historias de vida son únicas y, en consecuencia, podríamos inferir que nada útil se extraería al analizar o conocer vidas ajenas. Sin embargo, en nuestra individual existencia, todos, absolutamente todos, recorremos caminos de alguna forma superpuestos. En 1949, Joseph Campbell publicó un maravilloso libro llamado *El héroe de las mil caras*, compartiendo el resultado de años de trabajo e investigación sobre los mitos y leyendas de todo el planeta.

El acabado estudio demostraba, sin dejar lugar a dudas, que había un patrón narrativo que se repetía en todas las historias icónicas que marcaban las tradiciones de los pueblos. Todos los héroes habían recorrido un camino similar para poder transformarse al cabo en referentes eternos de sus respectivas tradiciones.

Desde sus publicaciones, a este patrón se lo conoce como «El camino del héroe» y puede rastrearse en la biografía de personajes tan reales y significativos como Moisés, Jesús o Buda, así como en la trama de cualquier héroe de la literatura juvenil, en el guion de las más famosas películas de aventuras y, también, en el camino del crecimiento de cada uno de nosotros.

La figura del héroe forma parte del condicionante cultural de todos los pueblos y de todos los tiempos. Si pensamos en el camino hacia nuestra realización personal como si fuera una misión, podríamos homologar el recorrido hacia nuestra madurez como una travesía heroica. Hasta que un adolescente no asuma que deberá enfrentarse a su propio camino encontrando a «su héroe interior», seguirá administrando su vida en forma dependiente y malgastará lo mejor de su potencia y energía en encontrar maneras de manipular su entorno, en lugar de usar esa fuerza en forjar su futuro.

La aventura del héroe tiene tradicionalmente entre seis y diez etapas. Y si bien algunas pueden faltar o fundirse con otras, su secuencia básicamente se podría describir así:

Partiendo de una cotidianidad de la que se queja, pero en la que de algún modo está cómodo, el futuro héroe es atraído, llevado o empujado hacia el umbral de la aventura (es, por ejemplo, el momento en el que Jack descubre que sus habichuelas mágicas han crecido hasta el cielo). En el primer momento, el héroe duda, pero finalmente su espíritu triunfa y él comienza su camino.

Reconoce que desea un cambio y lo cree posible, aunque intuye que correrá riesgos. Cuando llega la decisión de ir por él, sin embargo, se encuentra algo perdido y no sabe por dónde empezar. La ayuda puede llegar a través de libros, historias, encuentros, sucesos inexplicables o sincronicidades. Así, aprende y se entrena para avanzar en la aventura. Predominan la curiosidad y el entusiasmo, aunque también hay momentos de decepción ante los defectos de los que enseñan o de frustración porque el avance es más lento de lo que esperaba. El maestro aconseja, protege y acompaña. (Todos recuerdan el ejemplo, ya clásico del cine, del encuentro de Luke con su maestro Yoda en *La guerra de las galaxias, episodio V: El imperio contraataca*).

El héroe aprende las reglas del nuevo mundo. Las energías se concentran en lo que es trascendente. Las emociones son intensas y cambiantes. Hasta que el héroe avanza a través de lo desconocido: lo amenazan peligros y consigue aliados. Cada prueba que el héroe supera lo modifica y lo fortalece; se vuelve más hábil, más sabio, más poderoso.

Un tiempo después, llega la Prueba suprema: el aventurero sabe que se enfrenta con su propia muerte. Siente terror y coraje.

Se conoce a sí mismo, sus fortalezas y debilidades, aprende a escuchar su propia voz interna. Después superará la prueba, sobrevivirá y recibirá una recompensa. Es el momento de reconciliación con el entorno y consigo mismo. Es la Iluminación y la Apoteosis.

Una parte de él solo desea permanecer en ese estado y otra quiere regresar a compartir con generosidad lo aprendido (podríamos poner como ejemplo el regreso de ET a su mundo después de haber conquistado su amistad con los habitantes del planeta). En el final, el héroe regresará triunfante a su mundo, crecido y fuerte. Sabe de su potencia. Regresa no para pelear, sino para traer su luz al lugar de donde salió.

También el proceso de convertirse en adulto se parece a la Aventura del Héroe, contada por Campbell. Un viaje que comienza en la adolescencia y que termina cuando el joven asume su nueva condición de adulto y es capaz de sostener esa realidad frente a sus padres.

Podemos identificar claramente seis etapas en este proceso:

La primera, la de **la Inocencia,** la vivencia del «paraíso familiar». Una situación en dudoso equilibrio, de dependencia y sometimiento al que sabe, te cuida y te quiere. Aquellos que desde el principio dicen que te ofrecen todo a cambio de nada.

La segunda etapa, que se corresponde con **la Llamada,** se establece cuando los hijos comienzan a ser conscientes de las diferencias y los desacuerdos insalvables. Aparecen aquí, por primera vez, la vivencia y la necesidad de la propia identidad (soy diferente). Es común en este momento la fantasía de no ser hijo de los propios padres (yo soy maravilloso y ellos no..., ¡debo haber sido adoptado!).

La tercera etapa equivale a **la Partida.** Comienza con la rebeldía y lleva al joven al umbral de salida del paraíso, en el cual, ahora, se siente prisionero. Es la historia de Adán y Eva cuando nos muestran que desobedecer también es crecer.

La siguiente es la etapa del **Entrenamiento.** Una etapa llena de frustraciones, una etapa de descubrimiento de los propios recursos, de desarrollo de las habilidades y de encuentro con otros saberes, personas y grupos que hacen las veces de aquel legendario maestro. También tomamos conciencia aquí de las propias limitaciones y de la existencia de algunos compañeros de ruta no demasiado nutricios.

Con estas herramientas, el medio héroe llega a la **Prueba y la batalla,** en la que, como mínimo, debe vencer a sus fantasmas, dejar de culpar a los padres, asumir su responsabilidad y adueñarse de su futuro. Seguramente enfrentando directamente en este proceso a su padre interno y, en ocasiones, al externo y auténtico para transformarse en hijo adulto.

La última etapa, la de compartir lo aprendido y rescatar la figura de los padres, que se conoce con el nombre de **Retorno,** es aquella en la que los hijos vuelven al entorno familiar. Aunque ya nada es lo mismo, estos hijos ya no son nuestros, sino, como decía Gibran, son hijos e hijas de la vida y la familia a la que «regresan» quizás sea la que ellos mismos formarán.

Volvemos entonces a aquello que decíamos al comienzo, que para llegar a ser exhijos es importante aceptar que la cancelación de nuestra «hijidad» no cancela nuestro vínculo, pero lo acota a ser apenas un aspecto de lo que soy y sobre todo alguna parte de lo que fui.

Todos deberemos atravesar y superar la cuestión de ser hijos de alguien para desacondicionar nuestras elecciones y llegar a ser verdaderos adultos.

El neozelandés Peter Jackson dirigió una trilogía fílmica basada en el libro de J. R. R. Tolkien, *El Señor de los Anillos*. Creo que el recorrido de uno de los personajes de la historia ilustra bastante bien el proceso de alguien que se convierte en exhijo. Se trata de Aragorn, heredero al trono de Gondor, el más grande y más noble reino de los hombres. Pese a ese linaje, Aragorn ha estado desde hace años ocultándose en las sombras, haciéndose llamar Trancos y posando con un simple vagabundo. Es cierto que, de haber revelado su identidad demasiado pronto, Sauron, el Señor Oscuro, tal vez lo hubiese descubierto y querido destruir. Pero no es menos cierto que el «perfil bajo» de Aragorn obedece también a una secreta vergüenza. Él es heredero de Isildur, el último rey de Gondor, que derrotó una vez a Sauron, pero que, a causa de su ambición, no destruyó el anillo que este portaba y permitió así que el mal perdurase.

Al comienzo de la trilogía podemos ver a Aragorn contemplando con pesar la espada rota de Isildur:

—¿Por qué temes al pasado? —le pregunta la mujer que lo ama—. Eres el heredero de Isildur, no Isildur mismo. No estás atado a su destino.

Pero Aragorn responde:

—La misma sangre corre por mis venas; la misma debilidad.

Todavía no está listo, podríamos pensar.

Todavía es solamente «hijo».

Los eventos se desarrollan, la aventura y el viaje de Aragorn (que son tanto concretos como internos) transcurren a medida que nos acercamos al desenlace.

Los héroes se preparan para la batalla final y Aragorn recibe una visita: se trata del sabio señor de los elfos y padre de su amada:

—Vengo de parte de alguien que te ama —dice y le entrega a Aragorn un objeto envuelto en una tela.

Aragorn descubre el obsequio y encuentra que no es otra cosa que la espada de Isildur, que ha sido fundida y reforjada bajo un nuevo nombre.

—Sauron no habrá olvidado la espada que lo derrotó —dice mientras desenvaina el arma renovada.

—Deja de lado al vagabundo que fuiste hasta hoy —dice el elfo—. Conviértete en aquello para lo que naciste.

«Deja de lado al vagabundo» significa aquí: deja de lado la vergüenza, deja de lado la idea de que estás determinado por lo que los que han venido antes que tú han hecho, deja —en suma— de ser hijo y conviértete en lo que has nacido para ser: tú mismo y, mejor aún, el mejor tú que puedes ser (un rey, para el caso de Aragorn).

Una de las claves de la madurez está en comprender que pasar a ser exhijo no es igual, en modo alguno, que nunca haber sido hijo; y menos aún, sostiene la hipotética pretensión de negar haberlo sido.

Sostener que ya no somos hijos implicaría desprendernos de todo lo que de hijo hayamos tenido, implicaría poder decir «de eso no ha quedado nada»; y ese es, para nosotros, un camino enfermizo o por lo menos equivocado, porque nos priva de gran parte de nuestros aprendizajes (aunque en la bravía de la adolescencia, muchos pasan, en un momento de furia rebelde, por esa fantasía).

Para ser exhijo, por el contrario, es necesario haber sido hijo primero. Es imprescindible haber atravesado la experiencia de la filiación y también tener un registro guardado en algún cajoncito de todo lo que nos ha quedado de aquellos tiempos idos.

PADRES MAYORES

En el aquel entonces de padres en pleno ejercicio de su función, el deseo y el desafío consistían en ayudar a nuestros hijos a afrontar cada problema, y puede que, cuando los hijos se convierten en adultos, nuestro deseo siga siendo el mismo. Sin embargo, ellos, con total propiedad, cada día querrán menos que les aportemos nuestras soluciones y reclamarán más nuestro silencioso aval.

Las estadísticas dicen que cuando los hijos dejan definitivamente «el nido», las mujeres sufren porque los hijos han crecido y se van, y los hombres porque se dan cuenta de que se han perdido disfrutarlos más. Sea esto cierto o no, seguramente ambos, madre y padre, se lamentan del vacío que la ausencia ha dejado, sin darse cuenta de que esa sensación es la expresión de que su tarea ha sido cumplida. El crecimiento y la partida de los hijos dejan a muchos padres frente a la necesidad de plantearse nuevas definiciones, ya que señala el momento de la despedida, no tanto de los hijos en sí mismos, sino de la responsabilidad sobre ellos (de la que tanto se quejaban, pero que bien o mal les daba un sentido a sus vidas).

Había una vez una familia de pastores. Tenían todas las ovejas juntas en un solo corral. Las alimentaban, las cuidaban y las paseaban.

De vez en cuando, las ovejas trataban de escapar.

Aparecía entonces el más viejo de los pastores y les decía: «Vosotras, ovejas inconscientes y soberbias: no sabéis que, afuera, el valle está lleno de peligros. Solamente aquí podréis tener agua, alimentos y, sobre todo, protección contra los lobos».

En general, eso bastaba para frenar los «aires de libertad» de las ovejas.

Un día nació una oveja diferente. Digamos que era una oveja negra. Tenía espíritu rebelde y animaba a sus compañeras a huir hacia la libertad de la pradera.

Las visitas del viejo pastor para convencer a las ovejas de los peligros exteriores debieron hacerse cada vez más frecuentes. No obstante, las ovejas estaban inquietas y cada vez que se las sacaba del corral, daba más trabajo reunirlas de nuevo.

Hasta que, una noche, la oveja negra las convenció y huyeron.

Los pastores no notaron nada hasta el amanecer, cuando vieron el corral roto y vacío.

Todos juntos fueron a llorarle al anciano jefe de familia.

—¡Se han ido, se han ido!

—Pobrecitas...

—¿Y el hambre?

—¿Y la sed?

—¿Y el lobo?

—¿Qué será de ellas sin nosotros?

El anciano tosió, aspiró su pipa y dijo: «Es verdad, ¿qué será de ellas sin nosotros? Y lo que es peor... ¿Qué será de nosotros sin ellas?».

Como ya está dicho, por distintas razones o condicionantes (diferentes para cada padre o madre y dependiendo de su historia y sus carencias o virtudes) a los padres nos cuesta dejar ese trono (el de ser jefes de familia), aunque debemos admitir que sabíamos desde el principio que antes o después deberíamos abdicar.

Siempre fuimos conscientes de ello y, no solo eso, trabajamos consecuentemente en esa dirección... Y sin embargo, al darnos cuenta de que el momento ha llegado, siempre nos parece prematuro.

Padres o hijos, indistintamente, pueden ser los primeros en darse cuenta de que el trabajo de padres ha llegado o está llegando a su fin. Eso no cambia la situación, salvo por el hecho de que el primero que se dé cuenta sufrirá un poco menos frente al final de esta etapa y tendrá que asumir, casi sin apoyo externo, la dificultad de contarle a la otra parte lo que está sucediendo.

Los padres también deben saber que ser exhijos nada tiene que ver con el enojo, ni con el desamor, ni con el rencor, ni con el abandono. Tiene que ver casi en exclusividad con la libertad de ambos. Con la idea de que, si bien el rol y el amor perdurarán, la tarea ha terminado porque ya no es necesaria. «Los padres se jubilan y los hijos se liberan» podría decirse, solo parcialmente en broma. Y que ocurra esto es maravilloso, pues es un bien para todos. Los hijos adultos, en el mejor de los casos, buscarán de los padres su empatía; y posiblemente eso sea lo mejor, cuando no lo único útil, que podrán darles.

¿Por qué es tan difícil la transición? ¿Es solamente un tema de no resignar el pequeño lugar de poder que confiere ser el padre? Pues no. Lo que más cuesta atravesar es el dolor de no ser ya necesitados.

El reclamo o la queja que un padre autoconsciente y lúcido podría enunciar sería más o menos así:

Después de todo fueron ellos los que nos enseñaron la manera de conseguir que nos escuchen..., y ahora (casi de pronto) nos damos cuenta de que las herramientas que usamos para comunicarnos cuando ellos eran chicos ya no sirven.

Después de todo fueron ellos los que se colgaban de nuestra ropa y reclamaban todo el tiempo nuestra atención, y ahora (casi de pronto) toman distancia y nos acusan de meternos en su vida.

Después de todo fueron ellos los que copiaban todo lo que hacíamos y decíamos, y ahora (casi de pronto) debemos aceptar que ya no piensan como pensamos, que no podemos forzarlos a creer en lo que creemos, ni a vivir como nosotros vivimos.

Después de todo fueron ellos, con su sola presencia, los que nos inspiraron la decisión de dedicarles la mitad de nuestra vida para protegerlos, alimentarlos, educarlos y hacernos responsables de su salud y su seguridad, y ahora (casi de pronto) pretenden que dejemos de lado esa manera de actuar nuestro amor, y que hagamos del desapego una bandera, instantáneamente.

Y sin embargo..., no hay remedio. Hay un momento en el cual, aunque veamos con claridad dónde está el grano, deberemos acostumbrarnos a dejar que nuestros hijos se rasquen con sus propias uñas.

Los nuevos encuentros entre las nuevas personas que padres e hijos son, generan también, por todo lo dicho, nuevos desencuentros. Cada quien por su lado afronta desafíos que antes le eran ajenos.

Los padres traen ahora sus preocupaciones de salud, sus conflictos con la pérdida de poder, el drama de su jubilación, sus problemas de memoria y, por supuesto, su disgusto por la innegable pérdida de la juventud.

Los hijos, por su parte, están ocupados en sus carreras profesionales o en sus proyectos comerciales, asumiendo más y más responsabilidades en sus trabajos y en su entorno social y familiar (que obviamente ya no es el de su familia de origen, con la que, por lo tanto, no comparten prioridades ni preferencias).

Le pregunté a mi abuelo un día:

—¿Qué es más difícil, abuelo, ser hijo o ser padre?

El hombre tenía más de ochenta años. Había pasado por la guerra y conocía mil y una historias de casi todo lo que puede sucederle a una persona.

—Las dos cosas son difíciles —me dijo—. Pero... —agregó—, creo que ser padre es un poco más difícil.

Creí que inventaba una respuesta que le conviniera más, así que le pregunté:

—¿Y por qué sucede eso?

Con la única sabiduría que tenía, la que la vida le había acercado, me contestó:

—Porque un padre SIEMPRE siente con sus hijos, pero los hijos no siempre sienten con su padre.

Cuando algún hijo tiene problemas, su sufrimiento o preocupación suelen tener un gran impacto emocional sobre sus padres;

una cuota de angustia que los éxitos permanentes de otros hijos no pueden contrarrestar.

Algunos de esos problemas lastiman más que otros. Aquellos que son el resultado de la azarosa distribución de las desgracias (como lo sería una enfermedad inesperada) no son los que producen mayor angustia. Los que de verdad duelen más a los padres son aquellos que, en su opinión, hubieran podido evitarse (quizá porque los padres se sienten corresponsables de haberlos causado o, al menos, de no haber podido atajarlos a tiempo).

Lo que más lastima a los padres es ver a los hijos enredados en problemas derivados de conductas inadecuadas, de malas elecciones o de relaciones tóxicas. Inmersos en el abuso de cualquier tipo de droga o sufriendo por fracasos laborales o matrimoniales. Frente a estos dolores, la conducta de muchos padres es la de lanzarse al ruedo retomando la actitud que tenían hacia sus hijos cuando estos eran niños o jóvenes.

No sorprende que lo que más irrita a los hijos adultos es que sus padres no respeten su libertad e interfieran en exceso con sus cosas privadas o en su vida familiar.

Opiniones no pedidas

Uno de los momentos de mayor tensión entre los padres y los hijos adultos ocurre cuando los primeros se empeñan en dar consejos que sus exhijos no les han pedido. El hijo o la hija que cuentan algunas de sus preocupaciones o problemas a sus padres mayores, muchas veces solo quieren el oído amable y contenedor de aquellos que los quieren como nadie. Alguien que simplemente los escuche y, en todo caso, los tranquilice. Cuando, en cambio, el joven adulto se encuentra con la sorpresa de que su padre o su madre sucumben a la tentación de empezar a resolver los problemas diciéndoles qué hacer o cómo afrontar el asunto, su incomodidad tiene muchas posibilidades de transformarse en enojo.

Seguramente la situación más arquetípica de este conflicto es la de la joven madre primeriza que intenta hacer las cosas a su modo, aprendiendo sobre la marcha con su recién llegado bebé, mientras su propia madre, la flamante abuela, le da una indicación tras otra.

—En el pecho debes ponerlo en esta posición...

—Llora porque tiene calor: está demasiado abrigado...

—No lo dejes dormir tantas horas seguidas...

Es indiscutible que los hijos independientes tienen derecho a hacer su propia vida, a tomar sus propias decisiones y a desoír los consejos u observaciones que sus padres les hagan. Pero creemos que también los padres tienen, aun en esta etapa de la vida, el derecho (y quizás hasta la obligación) de opinar respecto de las decisiones de sus hijos y a señalar un curso mejor, si les pareciese verlo.

No importa cuántas veces hayan tenido que escuchar de los hijos: «No te inmiscuyas en mi vida, déjame en paz, no me interesa lo que puedas decirme», los padres mientras estén vivos se inmiscuirán en la vida de los hijos. La clave para evitar que esta actitud resulte molesta, irritante o invasiva, está en el lugar desde el que un padre o una madre se autorizan a hablarles a sus hijos ya mayores. Todos deben tener claro que no es el vínculo parental ya el que da derecho a los padres a aconsejar u opinar.

No me meto «porque eres mi hijo»,

no intervengo «porque soy tu madre»,

me involucro y opino porque te quiero y eso es lo que me da derecho.

Si yo te quiero y veo que, en mi opinión, te estás equivocando..., ¿se supone que debería dejarte que te encamines ciegamente hacia lo que creo que será malo para ti? ¿Debería, en nombre del respeto por tu libertad, callar algo que creo que podría ayudarte? Nos parece que no.

El amor de los padres (del mismo modo que el amor de cualquier otro que te quiere bien) da el derecho (y hasta la obligación) de involucrarse. Involucrarse significa aquí preguntar, opinar, contar la propia experiencia y no, por supuesto, menospreciar la opinión del otro, invadir su privacidad, ni intentar, finalmente, imponer el criterio propio exhibiendo el carnet de padre o madre. El no inmiscuirse en la vida de los hijos puede ser menos el resultado del respeto hacia ellos, que la expresión de cierta dejadez, negligencia o temor por el qué dirán.

Frente a la intervención amorosa de los padres, los hijos adultos podrán tomar algo de lo que aquellos les dicen y enriquecerse con eso, sin sentirse por ello disminuidos en su autonomía. O podrán rechazarlo, sin por eso tener que reclamar que hubiera sido mejor que ni siquiera opinaran.

Al fin y al cabo, en los «pesados» comentarios de la abuela sobre el cuidado del bebé puede haber alguna sabiduría que valga la pena escuchar, aunque no sea más que para descartarla luego. Si los hijos adultos estamos convencidos de que finalmente seremos nosotros los que decidiremos qué hacer..., ¿qué daño hace escuchar la opinión de otros (aun cuando esos otros sean nuestros precisos padres)? Si nos molesta que nos cuestionen quizás no sea por su intromisión, como argumentamos, sino porque aún somos muy permeables a su crítica, porque aún necesitamos demasiado de su aprobación. Tal vez sea un indicador de que debemos trabajar más en ese sentido. No es para desesperar: es probable que la necesidad de reconocimiento y aprobación por parte de nuestros padres sea la última dependencia de la cual nos liberamos.

El momento en que los hijos se vuelven adultos y los padres, mayores, suele ser un tiempo en el que retornan muchos viejos asuntos que, de los hijos hacia los padres, han quedado pendientes. Viejos rencores o recelos, preguntas que nunca hallaron respuesta, antiguas heridas que no han acabado de sanar. No siempre este retorno se debe a que los viejos conflictos sigan vigentes, en ocasiones es el hecho de que hoy tengamos otra posibilidad de hablarlos o de hacer otra cosa con ellos, lo que los trae de nuevo a nuestra conciencia.

Por eso, a menudo es necesario y benéfico que en esta etapa se busque un acercamiento y una recuperación o «limpieza» de la comunicación con el padre o con la madre. Llevar adelante este proceso requiere un verdadero cuidado. Los sentimientos que hay de ambos lados son a la vez delicados y poderosos. Esto es lo que hemos aprendido de muchas personas que han emprendido ese viaje.

Cuando te dispongas a proponer un reencuentro de este estilo, en primer lugar debes determinar cuál será el escenario. Aléjate de ambientes familiares. Encuentra un territorio neutro: es una buena idea salir todo un día o un fin de semana juntos. Las buenas conversaciones no ocurren como en las películas: vienen poco a poco y necesitan espacio y tiempo para digerir lo que se va diciendo. El padre, en particular, responde mejor haciendo algo junto con su hijo. La actividad compartida relaja a los hombres y reduce la intensidad de una confrontación directa.

Algunos programas de televisión nos han condicionado a pensar que todo se resuelve abrazándonos y diciendo «te amo». No funciona de esa manera. Los detalles son importantes. Habrá que dar algunas vueltas para llegar, tal vez, a ese final.

Esta deberá ser una conversación solo entre dos personas. La buena comunicación raras veces tiene lugar en grupos; menos aún, en grupos familiares. Cuando toda la familia está reunida, los viejos patrones suelen tomar el control y abrumar las buenas intenciones individuales.

¿Deberían todas las personas hacer este trabajo?

Probablemente.

Esta tarea con tu padre o con tu madre podría ser el ritual más importante de la primera mitad de tu vida, el paso final hacia una adultez completa.

FINALMENTE...

Nunca fue nuestra intención al escribirlo, pero no podemos menos que comprobar (y confesamos que con cierto regocijo) que el libro ha terminado por seguir cierto orden evolutivo.

Comenzamos por el deseo de ser padres, previo muchas veces a la existencia del niño; seguimos por la adopción de nuestros hijos en los alrededores de su nacimiento; nos detuvimos en cuestiones predominantes en la infancia como la educación; hablamos de la rebeldía y la posibilidad de la herencia de los jóvenes; señalamos la importancia del proceso de convertirse en exhijos y del diferente cariz de la relación entre un hijo adulto y sus padres mayores...

Siguiendo esta línea (y ya que hemos llegado hasta aquí creemos que corresponde continuarla), nos resta tan solo un último momento en el devenir de la relación entre padres e hijos. Tal vez uno de los más difíciles, aunque pensándolo bien, ¿qué momento de los que hemos discutido en este libro ha sido fácil?... (al fin y al cabo: ¡por algo este libro lleva el título que lleva!).

Hablamos de la tarea de los hijos de acompañar a los padres en su vejez avanzada.

El decaimiento físico o mental, o en ocasiones ambos, de aquellos que una vez nos cuidaron se vuelve arduo de soportar. La creciente demanda de tiempo y de cuidados genera muchas veces una sobrecarga acompañada casi invariablemente de culpa y autorreproches. ¿Qué hacer frente a esta situación que muchos habremos de atravesar? ¿Existe algún modo de que tanto los padres en su ocaso como los hijos maduros que deben ocuparse de ellos sufran lo menos posible?

Preguntas sin respuestas tajantes, para las que solo podremos proponer algunos puntos de referencia.

Comencemos por un «lugar común» que hemos oído muchas veces en boca de aquellos cuyos padres se adentran en la ancianidad y se enfrentan a la perspectiva de tener que ocuparse de ellos. Suelen decir: «Así como ellos cuidaron de nosotros cuando éramos niños, nos toca ahora a nosotros cuidar de ellos».

Esta idea es muy noble, pero tiene el problema de que se establece una especie de intercambio. Ya hemos dicho que no creemos que ni los cuidados, ni las otras cosas que nuestros padres nos han prodigado generen deuda en los hijos y por ello no es necesaria devolución alguna.

Toda esta idea de la deuda con los padres nos lleva inevitablemente a pensar que cuidarlos en la vejez es una obligación que debemos cumplir y, como sabemos, las obligaciones en general no se llevan adelante con demasiada buena voluntad.

Nos parece que sería deseable que cuidásemos de nuestros padres en su extrema vejez movidos por las ganas de que atraviesen esa etapa del mejor modo posible y con el menor sufrimiento; que lo pudiéramos hacer desde la propia y libre decisión de acompañar y ayudar, en lugar de estar pensando «no me queda otra, luego de todo lo que hicieron por mí».

El amargo motor de la ayuda forzada por la historia y bañada de culpa nunca es la mejor ayuda y redunda demasiadas veces en hijos adultos que van más allá de sus propios límites en pos del cuidado de sus padres, como para disimular frente a sí mismos sus carencias, tapándolas con excesos.

¿Dónde está este límite? ¿Qué es excesivo?

No es sencillo establecer una regla general, pero creemos que cuando el cuidador siente que su vida se ha detenido por demasiado tiempo ya o que el fastidio y el rencor comienzan a tomar el lugar de la lógica tristeza por lo que le ocurre a su ser querido, es posible que se haya sobrepasado el límite de lo que tiene para dar, y esto es algo que habrá que tener en cuenta, por más duro que sea de aceptar, porque conduce en los hijos a una asistencia cargada de reproches y en los padres a la sensación de ser una carga para los que los quieren.

Cuando se alcanzan estos límites es importante considerar la conveniencia y la posibilidad de ayuda externa, a menudo profesional o especialmente cualificada, que nos ayudará a poder mantener intacto nuestro amor, y seguir aportando con honestidad y afecto nuestra presencia, nuestro acompañamiento, dando nuestro genuino consuelo y nuestras sinceras caricias, junto a la certeza de que allí estamos y estaremos por amor y solo por eso, pase lo que pase.

Y decir esto implica, por fuerza, un ineludible respeto hacia los padres, respecto de su manera, forma y posibilidad de vivir sus últimos años.

Al parecer, mi bisabuelo paterno era un fumador empedernido. Se enorgullecía, frente a los demás, de usar un solo fósforo por día: el primero de la mañana, pues luego prendía cada nuevo cigarrillo con la colilla del anterior. Tendría cerca de setenta y cinco años cuando mi padre y mi abuelo lo llevaron al médico, pues su salud dejaba bastante que desear. El médico lo examinó y comprobó que, como era de esperar, sus pulmones estaban afectados en gran medida.

—Usted debe dejar de fumar de inmediato —dijo el médico cuando terminó el examen—. De lo contrario, morirá en algunos meses.

—¿Y si dejo de fumar —preguntó mi bisabuelo—, cuánto tiempo puedo vivir?

—Si deja de fumar... totalmente... —dijo el médico con una sonrisa de esperanza—, puede vivir ¡diez años más!

—¡¡Diez años sin fumar!! —dijo mi bisabuelo—. Usted está loco.

Suelo bromear pensando que si el médico le hubiese dicho cinco años, quizás mi abuelo hubiera aceptado, pero diez eran demasiados.

Siguió fumando como una chimenea y murió dos años después, de alguna forma, como él mismo había elegido.

No queremos caer en una apología del cigarrillo o de cualquier otra conducta dañina para la salud. Contamos esta anécdota para remarcar que el cuidado de la salud, en el sentido del alargamiento de la vida, no es lo único que debemos tener en cuenta a la hora de pensar en las decisiones respecto de la vida de alguien. En casos extremos deberemos tener en cuenta también qué clase de vida será la que queremos extender. Quizás para nuestro abuelo realmente eran mejor dos años fumando que diez años sin fumar...

¿Acaso puede alguno de nosotros saber lo que en verdad es mejor para el otro, sea su padre o su hijo? Tener en cuenta los deseos de nuestros padres mayores, considerar qué de su vida es lo que hace que tenga sentido para ellos es una tarea con la que nosotros, como hijos, deberemos tener especial cuidado; aun cuando eso signifique renunciar a los deseos egoístas de tenerlos con nosotros todavía un rato más.

Finalmente y con una buena cuota de trabajo por parte de ambos, la relación entre un padre o una madre con un hijo o una hija maduros, no es un vínculo de iguales, pero sí es una relación de cuentas saldadas.

Nada te debo y, en consecuencia, todo lo que hago por ti es fruto de mi amor.

Nada me debes y, en consecuencia, todo lo que haces por mí es, también y maravillosamente, fruto de tu amor.

EPÍLOGO

Los hawaianos tienen un idioma con muchas menos palabras que el nuestro.

Una de ellas, la que se usa para dar las gracias, es la palabra *majal* (o *mahalo*), que significa literalmente «agradezco lo que has hecho por mí».

Lo notable es que para responder a ese agradecimiento, se utiliza exactamente la misma palabra, *majal*.

Si aceptamos que el lenguaje que uno habla dice algunas cosas de quien lo utiliza, entenderemos claramente que para la sabiduría supuestamente más primaria de los hawaianos, cuando uno hace algo por alguien debería agradecer, al que recibe el favor, el haberle permitido ayudarlo.

Esta situación, en apariencia tan solo lingüística, establece, desde el principio, que para la cultura de estas islas paradisíacas, el que da de sí recibe tanto como entrega, el que enseña aprende en el proceso y el que ayuda a otro disfruta del particular privilegio de haber sido capaz de hacerlo.

De modo que en un diálogo *Majal... / Majal...* lo que se puede escuchar es «Te agradezco que me hayas ayudado / Te agradezco que me hayas permitido ayudarte».

Después de tantos meses de trabajar juntos en este libro y después de haber compartido con él todos los años de mi vida, podría yo terminar con una frase que seguramente sonará como propia a muchos hijos:

—*Majal*, papá.

Después de tantos meses de trabajar juntos en este libro y después de haber compartido con él los mejores años de mi vida, elijo terminar yo también, con una frase que podrían repetir todos los padres:

—Majal, *hijo.*

ÍNDICE DE FUENTES

PELÍCULAS

Bajo la misma estrella (2014), de Josh Boone.

El Padrino I (1972) y *II* (1974), de Francis Ford Coppola.

El Señor de los Anillos I (2001), *II* (2002) y *III* (2003), de Peter Jackson.

Enredados (2010), de Nathan Greno y Byron Howard.

La guerra de las galaxias, episodios IV (1977), V (1980) y VI (1983), de George Lucas.

Lars y una chica de verdad (2007), de Craig Gillespie.

Los chicos están bien (2010), de Lisa Cholodenko.

Regreso al futuro I (1985), *II* (1989) y *III* (1990), de Robert Zemeckis.

LIBROS

Auster, Paul (comp.), *Creía que mi padre era Dios*, Anagrama, Barcelona, 2002.

Benedetti, Mario, *Gracias por el fuego*, Alianza Editorial, Madrid, 2006.

Bradshaw, John, *Nuestro niño interior*, Emecé, Buenos Aires, 1999.

Bucay, Demián, *Mirar de nuevo*, Del Nuevo Extremo, Buenos Aires, 2012.

Bucay, Jorge, *Los cuatro caminos*, Del Nuevo Extremo/Sudamericana, Buenos Aires, 2002.

Burroughs, Edgar R., *Tarzán de los monos*, Edhasa, Barcelona, 1990.

Campbell, Joseph, *El héroe de las mil caras*, Fondo de Cultura Económica, Buenos Aires, 1998.
Dvoskin, Hugo, *De la obsesión al deseo*, Letra Viva, Buenos Aires, 2001.
—, *El amor en tiempos de cine*, Letra Viva, Buenos Aires, 2011.
—, *Pasiones en tiempos de cine*, Letra Viva, Buenos Aires, 2014.
Gibran, Khalil, *El profeta*, Gaia, México DF, 2009.
Green, John, *Bajo la misma estrella*, Nube de Tinta, Buenos Aires, 2012.
Hesse, Hermann, *Demián*, Alianza, Madrid, 2012.
James, Oliver, *Te joden vivo*, Global Rhythm, Barcelona, 2008.
Kipling, Rudyard, *El libro de la selva*, Anaya, Madrid, 2004.
Lacan, Jacques, *El seminario, Libro 8*, Paidós, Buenos Aires, 2006.
Osherson, Samuel, *Al encuentro del padre*, Cuatro Vientos, Santiago de Chile, 1993.
Packer, Alex, *Educar a los padres*, Plaza y Janés, Barcelona, 1987.
Rascovsky, Arnaldo, *El filicidio, la agresión contra el hijo*, Sudamericana, Buenos Aires, 1981.
Saint-Exupéry, Antoine, *El principito*, Emecé, 2006.
Savater, Fernando, *Ética para Amador*, Barcelona, Ariel, Buenos Aires, 1991.
Shelley, Mary, *Frankenstein o el moderno Prometeo*, Porrúa, México DF, 2003.
Solomon, Andrew, *Lejos del árbol*, Penguin Random House, Barcelona, 2014.
Zinker, Joseph, *El proceso creativo en Terapia Gestáltica*, Paidós, Buenos Aires, 1980.